J. M. Lushkow

72 Stunden des Todeskampfes

J. M. Lushkow

72 Stunden des Todeskampfes

Literarische Bearbeitung:
Boris Jakowlew

R. G. Fischer Verlag

Die Deutsche Bibliothek – CIP-Einheitsaufnahme

Luškov, Jurij M.:
72 Stunden des Todeskampfes / J. M. Lushkow.
Literarische Bearb. Boris Jakowlew. –
Frankfurt (Main) : R. G. Fischer, 1992
ISBN 3-89406-643-1
NE: Jakovlev, Boris (Bearb.); Luškov, Jurij M.:
Zweiundsiebzig Stunden des Todeskampfes

Kruppstraße 100-102, D-6000 Frankfurt 60

Satz: W. Niederland, Frankfurt
Schriftart: Helvetica
Herstellung: Difo-Druck GmbH, Bamberg
Printed in Germany
ISBN 3-89406-643-1

Inhaltsverzeichnis

1. Das Telefon klingelt im Morgengrauen

Am Sonnabend, dem siebzehnten August, hatte ich, Juri Lushkow, einen Arbeitstag wie immer. Sonntags abends gehe ich gewöhnlich ins Rathaus, sehe Akten und amtliche Papiere durch und überlege mir den Arbeitsplan für die kommende Woche. Und an diesem Abend – am achtzehnten August – gab es keinen Hinweis darauf, nicht den geringsten, was sich in den nächsten Stunden ereignen würde, obwohl ich später erfahren habe, daß das Komitee der Staatssicherheit mich schon am siebzehnten August Tag und Nacht beobachten ließ.

Für mich begann alles am frühen Morgen des neunzehnten, als das Telefon klingelte. In unserer Familie hat man sich an solche Anrufe gewöhnt. Wir gehen meistens um ein oder zwei Uhr nachts schlafen, stehen aber früh auf, daher wirkte dieser Anruf nicht als etwas Unerwartetes. Meine Frau nahm den Hörer ab, und ihren ersten Worten entnahm ich, daß unser verantwortlicher Diensthabender anrief (im Moskauer Rathaus gibt es einen Tag- und Nachtdienst).

»Vielleicht geht es auch später?« hörte ich die Stimme meiner Frau. »Mein Mann schläft noch.«

Ich fühlte, daß der Gesprächspartner hartnäckig wurde, und nahm den Hörer selbst. »Was ist los?«

»Genosse Lushkow, das Radio hat vorhin einen Machtwechsel im Land gemeldet.« Und dieser in politischen Raffinessen unerfahrene Mann schätzte die Situation von seinem Standpunkt aus sofort richtig ein: »Es ist ein Staatsstreich! Mit der Teilnahme der Militärs.«

Zuerst habe ich nichts begriffen, und mir entschlüpfte ungewollt: »Was für ein Staatsstreich?«

In unserer großen Stadt sind verschiedene Zwischenfälle nicht selten: Ein Rohr der Hauptwasserleitung bricht, ein Gebäude stürzt ein, oder es gibt einen großen Verkehrsunfall ... aber ein Staatsstreich?

Das wollte mir nicht in den Kopf. Noch niemals gab es in

Rußland, mindestens in jüngster Vergangenheit, Militärputsche. Wir sind doch nicht Lateinamerika oder Afrika ... Das ist völliger Unsinn!

Inzwischen berichtete der Diensthabende über Einzelheiten, die er im Radio gehört hatte. Der Präsident der UdSSR, Michail Gorbatschow, sei wegen seines Gesundheitszustandes nicht imstande, das Land zu regieren. Die Macht habe Vizepräsident Gennadij Janajew übernommen. Und es sei das Sonderkomitee für den Ausnahmezustand gebildet worden.

Ich bestellte sofort ein Auto, um ins Bürgermeisteramt zu fahren. Dort waren schon dessen Geschäftsführer, Wassilij Schachnowskij, und Wladimir Resin, der stellvertretende Premierminister der Moskauer Regierung anwesend. Der Bürgermeister selbst, Gawriil Popow, befand sich gerade in Kyrgysstan, einer der Sowjetrepubliken Mittelasiens in Urlaub (übrigens konnte man diese Reise nicht eigentlich einen Urlaub nennen, er beschäftigte sich vielmehr mit der Normalisierung der wirtschaftlichen Beziehungen zu dieser Republik). Zurückkommen sollte er spätabends am neunzehnten.

Dieser Mann fehlte uns sehr am Montag – am ersten Tag des Putsches –; denn er zeigt in schwierigen Situationen immer Entschlossenheit und Mut. Leider blieb uns nichts anderes übrig, als ohne ihn zu handeln. W. Schachnowskij, W. Resin und ich trafen uns sofort zu einer Sonderberatung. Was war überhaupt los?

Folgendes fiel uns auf:

Erstens: Es gab keine Erklärung des Präsidenten der UdSSR, der sich zu jener Zeit auf der Krim im Kurort Faros aufhielt. Bedenklich stimmte die in Fernsehen und Funk übermittelte und in den Morgenzeitungen veröffentlichte Mitteilung über die starke Veränderung des Gesundheitszustandes Michail Gorbatschows: vom ausgezeichneten (er konnte müde werden, aber seine Aktivität war immer groß) zu einem, der es ihm unmöglich machte, das Land zu regieren oder auch nur eine einfache Erklärung abzugeben. Aber wenn er so krank war, daß er nicht den Arm rühren und seinen Verstand benutzen konnte, warum gab es aus diesem Anlaß keines der in solchen Fällen üblichen medizinischen Gutachten der behandelnden Ärzte?

Zweitens: die unverhohlene Art der Kumpanei derjenigen, die die Macht ergriffen und irgendein merkwürdiges, von keinen Gesetzen akzeptiertes Sonderkomitee für den Ausnahmezustand gebildet hatten. Alle ihre reaktionären, orthodoxkommunistischen Einstellungen waren im Lande, auch in der ganzen Welt bekannt.

2. Zusammenkunft verdächtiger Personen

Die Hauptpersonen von diesen acht, die das Sonderkomitee bildeten, kannte ich ganz gut. Vier von ihnen hatten vor Monaten von mir gefordert, die Massenversammlung und die Demokratiekundgebung auf dem Maneshnaja-Platz in Moskau am achtundzwanzigsten März 1991, dem für mich denkwürdigen Tag, nicht zuzulassen.

Der Chef des sowjetischen Ministerkabinetts, Valentin Pawlow, erließ kurz vor diesem Tag eine Verordnung über das Verbot von Versammlungen und Kundgebungen in Moskau. Außerdem erinnerte er mich persönlich an die strafrechtliche Verantwortung für den Fall, daß etwas während der Versammlung passieren würde, denn ich weigerte mich entschieden, meine Erlaubnis (im Namen der Stadtverwaltung) sie durchzuführen, rückgängig zu machen. Der Vorsitzende des Obersten Sowjet der UdSSR, Anatolij Lukjanow, setzte in diesen Tagen den Beschluß, der diese Versammlung direkt verbot, durch. Am Morgen des achtundzwanzigsten März nahmen an der letzten »Bearbeitung« meiner Person in dieser Sache (der Zeitpunkt ist ziemlich eigenartig, weil neben mir bekannte Demokraten wie Juri Afanasjew und Arkadij Muraschow, Volksdeputierte der UdSSR saßen) teil: Bruno Pugo, Innenminister der UdSSR, Vladimir Krjutschkow, Vorsitzender des Komitees der Staatssicherheit, und Gennadij Janajew, Vizepräsident des Landes. Mit einem Wort: Das Sonderkomitee war mir gut bekannt. Nach all dem zu urteilen, begannen sie schon damals, in dasselbe Horn zu blasen (zum Thema, ob sie auch zusammen zu saufen begannen, was ebenfalls bemerkt wurde, möchte ich mich nicht äußern).[1]

Hätte ich meine Erlaubnis rückgängig gemacht, wäre die Situation ganz einfach gewesen: Die Versammlung und die Kundgebung auf dem Maneshnaja-Platz hätten sich dann automatisch von gesetzlichen in nichtgesetzliche Veranstaltungen verwandelt, mit allen für die Versammelten daraus folgenden Konsequenzen. Ich erinnere mich an folgende Einzelheit: fünfundvierzig Minuten vor Beginn der Versammlung riefen Gawriil Popow und ich Michail Gorbatschow an. Aber er war »beschäftigt«, der Grund war völlig klar: keine Lust, mit uns zu sprechen. Wir erreichten Janajew, telefonierten mit ihm. Ich sagte ihm: »Ich bitte Sie: Teilen Sie dem Präsidenten mit, daß er die letzte Chance hat, seine Autorität vor den Moskauern nicht zu verlieren, wenn er die Truppen zurückzieht. Niemand wird irgend etwas angreifen, die Menschen wollen lediglich ihre politischen Anschauungen öffentlich bekunden. Daraus muß man nicht ein Schreckgespenst machen.« Janajew rief nach einer halben Stunde, fünfzehn Minuten vor Beginn zurück und sagte, der Präsident weigere sich, unsere Bitte zu erfüllen. Was weiter geschah, ist bekannt. Auf dem nicht weit vom Maneshnaja-Platz entfernten Majakowskaja- und Arbatskaja-Platz fanden Massenkundgebungen statt. Wir, die Moskauer, verhielten

---

1 Hier handelt es sich um ein Wortspiel – die beiden Ausdrücke sind ähnlich. (Der Übersetzer)

uns würdevoll. Der Präsident büßte seine Autorität ein und blamierte sich und seine nähere Umgebung.

Ja, die Hauptfiguren im Sonderkomitee kannte ich, hatte beruflich viel mit ihnen zu tun gehabt. Meine Meinung über den Chef des Kabinetts, Valentin Pawlow, hat sich vor langer Zeit gebildet. Das ist kein unbedeutender Mensch, das ist zweifellos eine mutige Persönlichkeit, man kann sagen, abenteuerlichen Schlages. In unserem Kreis der Wirtschaftsfunktionäre, die oft und eng miteinander verkehrten, nannten wir Pawlow auch »Abenteurer«. Er ist klug, kann analysieren, verschiedene Varianten einer Lösung vergleichen, was ich an den Chefs sehr schätze. Er ist fachmännischer Wirtschaftswissenschaftler, obwohl er sich in der konkreten Wirtschaft, im Wirtschaftsleben, nicht auskennt. Ich möchte hier den Austausch der Fünfzig- und Hundert-Rubel-Scheine nennen, die rigorose Preiserhöhung und die Einführung hoher Zölle, die den Import vieler für uns nötiger Waren gestoppt hat. Die starken Seiten Pawlows glichen jedoch die schwachen nicht aus. Er blieb im Inneren Steuerinspektor, der er immer war.

Gennadij Janajew schließlich saß meiner Meinung nach nicht legal im Sessel des Vizepräsidenten des Landes, denn der Verdacht wegen der Machenschaften bei seiner Wahl – bei der dritten Abstimmung auf dem Kongreß der Volksdeputierten der UdSSR – war nicht widerlegt worden. Aber auch hier kam Michail Gorbatschow zu tröstlichen Schlußfolgerungen, vielleicht nicht ohne entsprechende Bearbeitung des Sonderkomitees. Alles wurde als Intrigen der verhaßten Demokraten dargestellt. Sie würden verhindern, einen hervorragenden Menschen, dessen Gesundheitszustand sich am neunzehnten August als ausgezeichnet erwies, zu wählen und zu ernennen. (Auf die Frage eines ausländischen Journalisten an diesem Tag antwortete Gorbatschow ganz ernst: »Fragen Sie hierzu meine Frau«).

3. Drohungen von allen Seiten

Diese Gedanken, die eine auf die rein kriminellen Geschichten gespannte Leserschaft vielleicht ermüdet haben, kann ich nicht auslassen, denn sie bestimmten unsere Einstellung ganz am Anfang des Staatsstreiches. Um sie zu beschreiben, habe ich mehr Zeit aufgewandt als Resin, W. Schachnowskij und ich für das erste Gespräch im Rathaus am Morgen des neunzehnten August.

Der junge Demokrat und die Wirtschaftsfunktionäre, die ein langes Leben hinter sich hatten, waren sich einig: Das war der Anfang eines verfassungswidrigen kommunistischen Putsches.

Auf unserem Tisch lagen schon die Verordnungen des Ausnahmezustands, den zu verhängen nur bei Naturkatastrophen, Seuchen, Viehseuchen und Massenunruhen erlaubt wurde. Es gab nichts ähnliches in der Stadt. Das bestätigte die schlimmsten Vermutungen. Es wurde beschlossen, mit dem Präsidenten Rußlands, Boris Jelzin, zu sprechen. Im »Weißen Haus« (Gebäude am Ufer der Moskwa, wo sich das Parlament und die Regierung Rußlands befinden) antwortete man, er sei auf der Datscha. Dort gab es auch ein Telefon der Regierungsverbindung, das nicht kaputt war. Eine Frau – Jelzins Ehefrau oder Tochter – meldete sich. Ich hatte den Eindruck, als ob dieser Anruf erwartet worden wäre. Er nahm sofort den Hörer ab und sagte entschieden: »Ein Putsch.« Er fragte, was wir unternehmen wollten. Dann erklärte er, wir sollten zwei Aufgaben lösen: die Bemühungen der Moskauer, den Verschwörern Widerstand zu leisten, zu koordinieren und eine Erklärung vorzubereiten. »Wir haben schon einen Appell an die Völker Rußlands. Kommen Sie, aber seien Sie höchst vorsichtig.«

Wir wollten uns sofort auf den Weg zur Datscha Jelzins machen, da hielt uns ein Telefonanruf auf – vom Ersten Sekretär des Moskauer Stadtkomitees der Kommunistischen Partei der Sowjetunion, Juri Prokofjew. Noch nie sprach er so arrogant mit mir wie in dieser Stunde, nicht einmal in den Zeiten, als das Stadtkomitee noch allmächtig war. »Ich schlage vor, daß Sie sofort zu mir kommen, um Anweisungen zu erhalten«, sagte er.

»Ich verstehe nicht, wodurch Ihr Ton verursacht ist«, antwortete ich.

»Hast du gehört, was geschehen ist? Also, alles hat sich geändert. Ich schlage vor, sofort zu kommen.«

In jenen ersten Stunden dachte ich nicht über irgendwelche Konspirationen nach, es schien, als ob das gewohnte Leben weitergehen könnte, obwohl es für diese Annahme gar keine Gründe gab.

»Zu Jelzin darfst du nicht fahren, sonst wirst du es bereuen«, sagte er noch, dann hängte er ein.

Und wieder ein Anruf – es war Witalij Prilukow, der Vorsitzende der Komiteeleitung der Staatssicherheit in Moskau und Umgebung. Sein Ton war ruhig, sicher und ohne Arroganz. Prilukow ging nicht auf Einzelheiten ein, sondern sagte mir nur: »Fahren Sie fort zu arbeiten, Genosse Lushkow.« Er gab mir zu verstehen, daß er mich nicht für einen »verlorenen« Menschen hielt, und daß alle Veränderungen, die sich im Land und in Moskau ereignen könnten, mich nichts angehen würden, wenn ich mich »anständig« benähme.

»Wir haben nicht die Absicht, jemandem die Macht in der Stadt zu übergeben, wir wurden von den Moskauern gewählt ...«

Wie sich also nach den ersten Anrufen schon herausstellte, traten sofort die hauptsächlichen Kräfte der Verschwörung – die Zwillingsbrüder – hervor: das dem Volk verhaßte Parteibeamtentum, ohne irgendwelche Unterstützung durch die Massen, aber nach einer kommunistischen Revanche strebend, und die Komiteeleitung der Staatssicherheit, die während ihrer ganzen schrecklichen Geschichte nichts gelernt hatte.

Prilukow erwähnte nebenbei die Ernennung des Militärkommandanten Moskaus, der, wie er sagte, bereit sei, mit der Stadtverwaltung zusammenzuarbeiten, und teilte mit, daß der Einsatz von Truppen in der Stadt nicht unmöglich sei.

Wir wußten das aus den Berichten der Deputierten des Mossowjets und einiger Bezirkssowjets schon selbst: auf manchen Hauptverkehrsstraßen näherten sich Panzer der Stadt. Man brauchte nicht lange zu rätseln, um herauszufinden, welche Objekte für sie Ziel sein würden: das »Weiße Haus« und das Rathaus. Das Stadtkomitee der Partei brauchte man nicht zu erobern, denn dessen Einstellung ließ nach dem Gespräch mit Prokofjew keine Zweifel. Es war nicht nötig, auch den Kreml zu erobern, dort verschanzten sich sowieso die Verschwörer. Und der Präsident der UdSSR, nach allem zu urteilen, war schon eingesperrt.

Bevor ich zu Jelzin fuhr, gab ich noch einige Anweisungen. An diesem ersten Morgen und während all der übrigen Zeit gab es keine Panik, es herrschte Ruhe. Fast physisch bemerkbar festigten sich der geschäftliche Umgang miteinander und die Disziplin. Die endlosen Gespräche, die zu führen zahlreiche Deputierte so gern hatten, hörten auf. Die Deputierten handelten gemeinsam und leisteten einen großen Beitrag, indem sie die Moskauer zum Kampf anregten.

4. Agenten der Staatssicherheit im beigefarbenen »Shiguli«

Der Weg war nicht weit. Bis zur Datscha Jelzins sind es dreißig Kilometer. Beim Einsteigen hielt ich es für meine Pflicht, den Chauffeur, Michail Scharonow, zu warnen: »Wir fahren direkt in die Hölle. Möglich sind Panzer, möglich ist unsere Verhaftung, möglich ist Blut. Falls du dich weigerst, nehme ich es dir nicht übel.« Da hörte ich das tägliche, gewohnte: »Fahren wir. Was auch immer geschehen mag ...«

Und wir fuhren los. In der Nähe der Datscha machte mich Michail auf den beigefarbenen »Shiguljenok« aufmerksam. »Da ist es, das Komitee der Staatssicherheit. Ich sehe es. Man hat uns fixiert.«

Bald wurden wir von Milizionären mit Maschinenpistolen angehalten. Bei der Anfahrt zur Datscha trafen wir einige Personen in Zivil und auch bewaffnet: mit Pistolen und kurzen Maschinenpistolen – die Leibwache des Präsidenten von Rußland.

Die Ehefrau des Präsidenten öffnete uns, sie war sehr ruhig und nett. Beim Anblick des sauberen Fußbodens wollte ich schon meine Schuhe ausziehen, aber sie winkte freundlich ab. Im Zimmer ein großer Tisch mit Papieren, bekannte Gesichter: Ruslan Chasbulatow, der amtierende Vorsitzende des Parlaments von Rußland, Iwan Silajew, Regierungspremier der Republik, Vizepräsident Alexander Ruzkoj, Minister Michail Polotoranin und andere. Einer der Anwesenden las am Telefon der speziellen, das ganze Land umfassenden Verbindung »WTSCH« den Text des Appells der führenden Persönlichkeiten Rußlands an die Bevölkerung vor.

Der Präsident trug Pantoffeln an den bloßen Füßen und ein saloppes Tennishemd – er sah ganz häuslich aus. Er zeigte auf die Äpfel auf dem Fensterbrett und sagte: »Probier mal, sie schmecken gut. Wir trocknen sie selbst ...«

»Moskau ist mit Ihnen«, entgegnete ich.

Das Gespräch dauerte nicht lang. Wir unterhielten uns hauptsächlich darüber, wie man in Moskau den Widerstand der Verschwörer organisieren könne. Ich war voller Zuversicht. Die nach der Versammlung am achtundzwanzigsten März vergangenen Monate hatten davon überzeugt, daß sich die Stimmung in Moskau geändert hatte. Demokratische Ideen gewannen immer mehr an Umfang. Erinnern wir uns an die mächtige Demonstration, die am neunundzwanzigsten April von den Demokraten organisiert wurde und zum Vergleich an den offiziellen Aufmarsch am Ersten Mai auf dem Roten Platz, der dagegen richtig bleichsüchtig gewirkt hatte.

Noch vor dem neunzehnten August entwickelte sich in meinem Sinn das Bild der heutigen Stadt – der demokratisch gesinnten, mutigen, standhaften Stadt, die trotz aller Schwierigkeiten bereit ist, für ein besseres Leben zu kämpfen. Eben deshalb versicherte ich den Präsidenten der bedingungslosen Unterstützung durch die Moskauer Bevölkerung.

»Danke«, antwortete er. »Aber so einfach wird das alles nicht enden ...«

Die Spannung wuchs. Von den näheren Beobachtungsstellen um die Datscha herum kamen Berichte, daß die Datscha umringt werde. Autos und Busse fuhren vor, aus denen Gruppen von Menschen ausstiegen. Natürlich verstanden wir: falls der Putsch zum Scheitern verurteilt wäre, würden wir vernichtet werden. An die Spitze der Kämpfer würden andere treten. Es war an der Zeit, daß die führenden Persönlichkeiten Rußlands das »Weiße Haus« wieder beziehen.

Jetzt trat der Bürgermeister von Sankt Petersburg, Anatolij Sobtschak, in den Raum, der an diesem Morgen wegen irgendwelcher Geschäfte in Moskau angekommen war. Er schloß sich uns an, als er begriff, was geschehen war.

Wir saßen eine Zeitlang zusammen auf dem Divan und tauschten ein paar Sätze aus. Ich riet ihm, möglichst schnell nach Sankt Petersburg zurückzufahren. Er gab mir recht. Unsere Städte sollte man vor allem mobilisieren.

Mittlerweile hatte ich ein Exemplar des Appells der führenden Persönlichkeiten Rußlands an die Bevölkerung. Wir wollten nun nach Moskau zurückfahren, beschlossen aber, nicht zusammen zu fahren, obwohl es nicht viele Wege von hier gab.

Boris Jelzin in seinen Pantoffeln an den bloßen Füßen und im Tennishemd wandte sich an seine Familie und fragte: »Könnt ihr endlich mal für den Präsidenten Rußlands Socken finden?«

Wir verabschiedeten uns, und er warnte nochmals: »Vorsicht, äußerste Vorsicht. Gib dir Mühe, dich durchzuschlagen ...«

Der Weg führte durch den Wald. Ich sagte dem Chauffeur: »Mischa, komm, wir wechseln das polizeiliche Kennzeichen.« Wir hielten. Im Kofferraum liegen immer verschiedene polizeiliche Kennzeichen bereit, obwohl wir sie praktisch nie gebrauchen. Aber jetzt begannen wir – buchstäblich in voller Fahrt – die Wissenschaft der Konspiration zu studieren, die wir bisher nur aus Büchern und Filmen über die bolschewistische Illegalität bis zur Oktoberrevolution 1917 kannten.

Das Auto fuhr wieder mit Höchstgeschwindigkeit. Hinter uns sahen wir den bekannten beigefarbenen »Shigolujenok«, der noch am selben Platz stand. Wir erreichten die Chaussee und reihten uns in die Autokolonne ein, um nicht aufzufallen. Drei Minuten später überholte jener »Shiguljenok« in rasendem Tempo die ganze Kolonne. Als wir uns dem Ring näherten, kam er uns schon wieder entgegen und huschte an uns vorbei. Klar, daß wir gesucht wurden. Ob man uns festhalten, gefangennehmen oder einen »Verkehrsunfall« organisieren wollte, wird höchstwahrscheinlich niemand mehr erfahren.

In der Stadt sahen wir Panzer, aber das Rathaus erreichten wir ohne Zwischenfälle.

5. Die Regierenden taugten nichts

Ich ging hinauf, ließ W. Schachnowskij kommen und bat ihn, sofort zehn Kopien des Appells der führenden Persönlichkeiten Rußlands zu machen und sie dann anderen Stellen zum Kopieren zu übergeben, auch außerhalb der Stadtverwaltung. Würden auch nur einige von ihnen gelesen, würde der Appell doch zu den Moskauern gelangen. Deputierte kamen, und nicht nur sie sahen den Appell und nahmen ihn mit. Bald war er in der ganzen Stadt verbreitet. Die Moskauer lasen den Appell auf Hauswänden, Zäunen, Panzern und Schützenpanzerwagen. Verbotene, aber illegal erscheinende Zeitungen veröffentlichten ihn, und die Rundfunksender »Das Echo Moskaus« und »Radio Rußland« übertrugen ihn.

Mir fiel ein Stein vom Herzen, und nicht deswegen, weil ich gesund und lebend zurückgekommen war – wir hatten eine außerordentlich wichtige Sache getan. Der Anfang war gemacht.

Es schien, als ob schon der ganze Tag vergangen sei. Aber es war erst zehn Uhr dreißig. Die Nachricht kam, daß Jelzin wohlbehalten das »Weiße Haus« erreicht habe. Damals habe ich mir nicht viele Gedanken über das Geschehen gemacht, jetzt aber, an jene Tage zurückdenkend, frage ich mich, warum er, alle, die mit ihm zusammen waren, der Chauffeur Mischa und ich sich durchschlagen konnten. Was war es – Glück, Zufall? Nein!

Die Anführer des kommunistischen Putsches waren sich der Unterstützung des Volkes und der Armee sicher. Sie wußten nicht, sie verstanden nicht, daß in den vergangenen Jahren Millionen vieles gelernt hatten: Versammlungen, Kundgebungen, Veröffentlichungen in der demokratischen Presse wurden für sie zu einer »politischen Hochschulbildung«. Aus diesem Grunde wurden sogar am Anfang die von oben, von den Militärs, ausgehenden Befehle ohne Eifer, apathisch, manchmal auch gar nicht ausgeführt. Die Mehrheit sah ein, daß Verletzungen des Gesetzes nicht unbestraft bleiben würden.

Unterschiedlich waren die Einstellungen beim Militär und den Mitarbeitern der Staatssicherheit. Wer mutig und patriotisch genug war, ging auf die Seite des Volkes über. Danken wir ihnen allen – Genannten und Ungenannten. Danken wir jenen ehrlichen Offizieren des Komitees der Staatssicherheit, die Gawriil Popow und mir berichteten, daß wir in der Nacht vom zwanzigsten auf den einundzwanzigsten verhaftet werden sollten. Krjutschkow ebenso wie Jasow haben die Stimmungsveränderung in den Truppen, in der Staatssicherheit nicht verstanden und nicht bemerkt, und das wurde zu einem der Gründe, der die Putschisten scheitern ließ. Zum Vergleich möchte ich betonen: Die demokratischen Kräfte hielten zusammen, handelten exakt, entschieden, mit Initiative.

An diesem ersten Tag hatte ich es schwer. Und zugleich auch leicht – alles, was ich sagte, wurde verstanden und aufgenommen. Deputierte und Mitarbeiter der Stadtverwaltung, die früher nie Sympathie füreinander hatten, schlossen sich auf einmal zusammen und handelten gemeinsam, so daß es unmöglich war, sich nicht zu wundern. Wahre Freunde lernt man im Unglück kennen. Alle, denen ich einen Auftrag gab, kehrten zu mir mit einer »Quittung über die Ausführung« zurück, wie wir auf einer früheren Arbeitsstelle sagten, und berichteten: ist erledigt.

Die dringendsten Angelegenheiten vertagte ich einfach und schrieb statt dessen ein Konzept des Appells der Stadtverwaltung an die Moskauer Bürgerschaft. Oleg Orlow und Vladimir Boxer brachten noch ihre Vorschläge ein, und anschließend nahm sich Vladimir Schapovalow, der alte »Apparatenwolf« der Sache an.

Der ideologische Vorrat der Verschwörer, der aus der Rüstungsschmiede der KPdSU stammte, taugte nichts. Im Appell der Junta, der am neunzehnten im Rundfunk und Fernsehen vorgelesen wurde, gab es nichts außer den lächerlichen, offensichtlich erlogenen Versprechungen und der Gehässigkeit, die im Übermaß auf »diese Rathäuser und Stadträte«, auf alles Neue, was die letzten Jahre hervorgebracht hatten, gerichtet waren. Vergleicht man heute diese sinnlosen schwülstigen Reden und bürokratischen Klischees, diesen Wortschwall der Parteibeamten mit den Appellen Jelzins und der Moskauer Stadtverwaltung, dann sieht man nicht nur die Gegensätzlichkeit der politischen und moralischen Standpunkte, sondern auch den Gemütszustand der Verfasser.

Und es gibt noch einen Grund, weshalb die Putschisten scheiterten. Das ist eine ziemlich ungewöhnliche Zusammenfassung, aber ich versteife mich darauf: Die Menschen, die das Land regierten, taugten in Wirklichkeit nichts. Das wußten wir zwar auch schon früher, aber jetzt konnten wir uns dessen noch einmal vergewissern.

6. »Warum sind Sie nicht auf Ihren Plätzen?«

Das Stadtparlament trat zusammen. Als ich den Sitzungssaal betrat, war ich äußerst verwundert: Die Stadträte saßen auf den Stühlen für Gäste, und an einem langen Tisch, der uns allen zugewiesen war, saß niemand. Ich ging auf ihn zu und eröffnete die Sitzung nicht so, wie es üblich war. »Warum sind Sie nicht auf Ihren Plätzen?« fragte ich. »Ich bin Vizebürgermeister, in der Abwesenheit von Gawriil Popow der amtierende Bürgermeister. Wir fahren fort, unsere Funktionen weiter auszuüben und werden niemandem erlauben, uns auseinanderzujagen. Deswegen bitte ich alle Stadträte, sofort ihre Plätze einzunehmen. Mit Rücksicht auf seine Anschauungen möge jeder entscheiden, zu wem er in dieser schwierigen Zeit hält. Jelzins Einstellung und meine Einstellung ist Ihnen bekannt. Wir akzeptieren kein Sonderkomitee, keinen Militärkommandanten in Moskau. Die Stadt wird vom Bürgermeister regiert, nur seine Anweisungen sind rechtskräftig. Ich bitte, sich in dieser Hinsicht nicht zu irren«, sagte ich.

Auf dieser Sitzung, an der nicht nur Präfekten, sondern auch Unterpräfekten teilnahmen, gab es nicht viele Fragen an mich: Die Worte über die Ungesetzlichkeit des Sonderkomitees, über die Weigerung, seine Befehle auszuführen, wurden ruhig, zustimmend aufgenommen. Ohne Diskussion beschlossen wir, uns mit der Frage der wirtschaftlichen Versorgung, die jetzt besonders wichtig war, zu beschäftigen. Neun Millionen Moskauer brauchten wie sonst auch Brot und Milch und andere Lebensmittel. Wir hatten nicht die Absicht, die U-Bahn zu schließen oder den Verkehr in der Stadt zu stoppen. Freilich wurde berichtet, daß einige Lastwagen mit Brot irgendwo nicht die Kaufhäuser erreichen konnten – das Militär hielt sie auf und verbot auch die Fahrt der Busse und Obusse ins Zentrum. Die Gefahr eines Versorgungsengpasses in der Stadt bestand schon, und die Menschen reagierten mit Hamsterkäufen von Brot, Salz, Streichhölzern, Seife und Mehl. Es war sehr wichtig, deren Lieferungen zu vergrößern, damit die Regale nicht ganz leer wurden und keine Panik entstand. Ich lasse den Lastwagenfahrern Gerechtigkeit widerfahren: Die meisten von ihnen brachten es fertig, sich trotz Verboten zu den Kaufhäusern durchzuschlagen, und kilometerlange Schlangen gab es nirgends. Aber für den Verkehr gab es noch ein Hindernis: die Barrikaden.

Noch vor dem Appell Jelzins und der Stadtverwaltung fingen die Moskauer, vor allem die Jugend, spontan an, Baumsperren zu errichten. Planierraupen- und Kranführer trieben die Bautechnik an. Es ergab sich, daß der bekannte Moskauer Bezirk Krasnaja Presna zur Arena der Hauptereignisse wurde. Dort hatte es während der Revolutionen 1905 und 1917 bewaffnete Auseinandersetzungen gegeben, und dort befindet sich jetzt das »Weiße Haus«, um das herum die ersten Barrikaden entstanden. Dann entstanden sie auf verschiedenen Hauptverkehrsstraßen, wo Panzer bereitstanden, wie uns aus keineswegs offiziellen Informationsquellen bekannt wurde.

Mitten am Tag kamen bei mir der Leiter des Städtischen Baudezernats, des Wirtschaftsdezernats und anderer Dezernate zusammen. Ich sagte noch einmal: »Die einzige Macht in der Stadt ist das Rathaus, nur seine Anweisungen gelten noch.« Dann wandte ich mich an meinen Stellvertreter Boris Nikolskij: »Hören Sie mit den Straßenreparaturen nicht auf – alle sollen unsere Zuversicht sehen. Außerdem kann man sich vorstellen, was die Panzer mit dem Asphalt anstellen werden ...«

Die Straßen sind meine »wunde Stelle«: Wir hatten den Moskauern versprochen, sie zu asphaltieren, endlich in Ordnung zu bringen. Die Arbeit kam vorwärts, die Ergebnisse wurden sichtbar. Und da bekam plötzlich diese gewöhnliche Sache eine ganz andere Schattierung.

7. Die Verschwörer suchen Komplizen

Ich komme auf die Ereignisse am Anfang des Tages zurück, um über V. Nikolskij zu berichten. Ihn bestellte der Erste Sekretär des Stadtkomitees der KPdSU Prokofjew und bot ihm den Posten des Premiers der Moskauer Stadtverwaltung an. Aber dieser stieß auf entschiedene Ablehnung. Ein bißchen vorausgreifend möchte ich folgendes sagen: Am Morgen des folgenden Tages rief Prokofjew erneut an, aber ihm wurde wieder eine Abfuhr erteilt. »Rufen Sie mich bitte nicht mehr an«, forderte Boris Nikolskij am Ende des kurzen Gesprächs. Ein ausgezeichneter Organisator, kompetenter

Fachmann, ehrlicher Mensch wie er war, wollte er nicht in den Schoß der Partei zurück. Sie hatte zwar viele Jahre lang versucht, ihn zu erziehen, aber es war ihr doch nicht richtig gelungen. Er war Sekretär des Bezirkskomitees, Sekretär des Stadtkomitees der Partei, der Zweite Sekretär des ZK der kommunistischen Partei Georgiens, der nach der Tragödie in der Hauptstadt dieser Republik Tbilisi, als dort während einer friedlichen Demonstration Menschen ums Leben kamen, woran dem Militär die Schuld zuzuschreiben war, seine Parteikarriere beendete und in seine Heimatstadt zurückkehrte, wo er den Posten des stellvertretenden Vorsitzenden des Moskauer Stadtkomitees für Planung bekleidete. Seine jahrelange Arbeit in der KPdSU und die – unbegründeten – Beschuldigungen wegen der Ausschreitungen gegen die friedlichen Demonstranten in Tbilisi hatten mein Vertrauen zu ihm überhaupt nicht erschüttert, und so schlug ich ihm leichten Herzens vor, für das Moskauer Stadtparlament zu arbeiten und verteidigte seine Kandidatur. Ich bin froh, mich nicht geirrt zu haben.

Vergeblich forderte Prokofjew Nikoskij auf, mit ihm und den Parteibonzen zusammenzugehen. Ehrliche Menschen verschiedener Anschauungen lehnten die kommunistische Junta sofort und konsequent ab. In den schwierigsten Stunden mußte der übereifrige Sekretär des Parteistadtkomitees, der auf dem hohen Roß saß, einsehen, daß er doch keine Macht über die Menschen hatte. Boris Nikolskij wußte, was ihn erwartet hätte, wenn die Bande der Parteiapparatschiks auch nur für kurze Zeit die Macht hätte behalten können. Aber die überwiegende Mehrheit der Menschen weigerte sich, mit den Verschwörern zusammenzuarbeiten. Und das beschleunigte ihr Ende.

Die Menschen, mit denen ich zusammen arbeite, sind verschieden, nicht alle gefallen mir, nicht allen gefalle ich. Einigen widerstrebt die Härte bei der Leitung der Stadt, die man auf dem Hintergrund der Anarchie als Übel und nicht als Heil betrachten kann. Nichtsdestoweniger traf ich in diesen Tagen nur Verbündete, die auf mich zukamen und sagten: »Ich stehe Ihnen immer zur Verfügung, am Tag, in der Nacht, wann Sie wollen, gleich, sofort.«

So dachten und verhielten sich auch Leiter und Kollektive, die uns trotz drohender Panzer unzweideutig ihrer Unterstützung versicherten.

Einmal jedoch habe ich eine Absage bekommen. In der Nacht vom zwanzigsten auf den einundzwanzigsten, etwa um drei Uhr, rief ich den Direktor des Bus- und Obusparks in Phili (nebenbei: den stellvertretenden Kaderleiter) an und beauftragte ihn damit, die Kalinin-Brücke, die sich neben dem »Weißen Haus« befindet, abzusperren, aber er weigerte sich. Ich rief nochmals an und teilte ihm mit, er telefoniere mit dem Vizebürgermeister Moskaus und er solle alle meine Anweisungen ausführen. Wieder eine Weigerung. Dann bat man mich, ein amtliches Telefonat aufzugeben. Ich fluchte und begann dem Mädchen, dem dieser Vorgesetzte den Hörer übergab, zu diktieren. Letzten Endes hat man auch in diesem Fall alles getan, aber man hätte leicht den richtigen Zeitpunkt für die Absperrung der Brücke verpassen können. Zum Glück kamen wir rechtzeitig ...

Am Abend des neunzehnten sollte der Kongreß russischer Emigranten, die aus allen Teilen der Welt gekommen waren, eröffnet werden. Es war nicht schwer, sich den Zustand unserer Gäste, deren Ahnen seinerzeit vor den Kommunisten geflüchtet waren und die jetzt selbst die Panzer sahen, vorzustellen. Wir beschlossen, das Grußwort des Bürgermeisters an den Kongreß vorzubereiten. Es wurde geschrieben und verlesen von Alexander Musykantskij, dem stellvertretenden Premier des Stadtparlaments und Präfekten des Zentralkreises.

»Ich trat in den Tschaikowsky-Saal ein«, erzählte er nach seiner Rückkehr, »es war ein trauriger Anblick: völlige Niedergeschlagenheit. Ich begann, das Grußwort des Bürgermeisters von Moskau vorzulesen. Nach den ersten Sätzen erwachte das Interesse, dann – eine sehr große Aufmerksamkeit, und nach den Worten, daß die Stadt Moskau die

Junta nicht akzeptiert, daß wir siegen werden, daß die Demokratie nicht aufzuhalten ist – stürmischer Beifall.«

Viele der Versammelten wollten möglichst schnell nach Hause fahren, aber der Funke unserer Zuversicht sprang über – es fuhren nur wenige fort, Hunderte von Landsleuten gingen auf die Barrikaden vor dem »Weißen Haus« des teuren Rußland. Ältere Menschen blieben dort die ganze Nacht, brachten Essen für die Demonstranten und überredeten die Soldaten, nicht auf die eigenen Landsleute zu schießen. Erst am zweiundzwanzigsten, am dritten Tag des Putsches, faßten die Fernsehchefs Mut, alle Einzelheiten jenes Abends zu zeigen.

All das wird vielleicht als prägnanteste Erinnerung an den Kongreß bleiben.

8. Bitte nicht bewachen!

Der zwanzigste August wurde zum gefährlichsten jener drei Tage: Die Gefahr eines Aufruhrs erreichte spät am Abend ihren Höhepunkt. Es schien, als ob die Luft mit Benzin gesättigt wäre und ein Funken genügen würde, um die ganze Stadt wie ein Pulverfaß explodieren zu lassen.

Aber die Moskauer verhielten sich bewundernswert. Ich erfahre immer mehr Tatsachen darüber, daß die Jugend aus allen Städten Rußlands, aus kaukasischen Republiken, Mittelasien, aus der Ukraine und aus Belorußland in die Hauptstadt zum »Weißen Haus« gekommen war. Sie hatten eine gerechte Sache zu verteidigen.

Eine Kraft widerstand der anderen. Die einen waren bewaffnet, hatten aber keinen Glauben. Die anderen hatten nur

Glauben und Hoffnung, und *sie* siegten: Sie machten – nach Meinung der erbärmlichen Strategen – die zuverlässigsten Truppen kampfunfähig. Das Volk und die Armee, ihre Soldaten, standen sich nicht von Angesicht zu Angesicht gegenüber, sondern Schulter an Schulter auf.

Das Fernsehprogramm »Wremja« (»Die Zeit«) zeigte die Szenen der Verbrüderung von Bürgern Moskaus mit Soldaten und behauptete, endlich sei die Armee gekommen, um das Volk zu unterstützen und Ordnung zu schaffen. Ja, es gab Verbrüderung, es gab Unterstützung. Aber nicht die Verschwörer wurden unterstützt, sondern die vom ganzen Volk gewählte legitime Macht, der Präsident Rußlands. Das waren nicht die Wahlen wie am zwölften Juni 1991, als die Abstimmung stattfand und der Präsident der Republik, der Bürgermeister und Vizebürgermeister gewählt wurden, es war *die* Wahl. Die Mitglieder des Parteiapparats, die verräterischen Generäle und die geheimen Henker der Staatssicherheit, die beschlossen hatten, die Macht wieder an sich zu reißen, hatten jetzt, nachdem sie Ordnung und Gesetz verletzt hatten, eine Niederlage erlitten: Das Volk hatte wieder gesiegt.

Die Armee ... Das ist ein spezielles Thema. Ungefähr um drei Uhr mittags am neunzehnten August sah ich, daß das Rathaus von Soldaten umringt wurde. Schon seit dem Morgen standen Panzer auf der Twerskaja-Straße. Ich bat Generalleutnant Nikolaj Simin, der hier kommandierte, zu einem Gespräch und berichtete ihm über den Standpunkt des Präsidenten von Rußland und der Stadt Moskau. Den Sinn unseres Gesprächs spiegeln diese drei Sätze wider:

»Genosse Premier, mir ist alles klar.«

»Was ist Ihnen klar?«

»Ich gehe.«

Vielleicht war das der erste Sieg, den die Demokraten gewannen. Ich habe jedoch nicht die Absicht, ihn mir zuzuschreiben.

Das Militär – vom Soldaten bis zum General – begriff

schon zu dieser Zeit, daß das ganze Moskau nicht gegen es, sondern gegen die Verschwörer aufstand. Es ist schwer vorstellbar, wie sich die Ereignisse entwickelt hätten, wenn die Panzer in der Stadt nicht erschienen wären. Es gibt wirklich Glück im Unglück.

Auf keinen Fall durfte man zulassen, daß das Rathaus weiterhin abgesperrt blieb und die zu uns kommenden Menschen aufgehalten wurden. Das Haus in der Twerskaja-Straße wurde am neunzehnten zum Zentrum der politischen Leitung des Widerstandes. Wir alle wußten, daß unser Telefon abgehört wurde, daher erteilten wir – die Mitglieder des Deputiertenhauptquartiers und ich – alle Aufträge nur persönlich.

Ich möchte hier die Einzelheiten unseres Gesprächs mit General Simin anführen, weil sie wichtig sind für eine Analyse des Verhaltens der Militärs.

»Sie verstehen, daß alles Geschehene gesetzwidrig ist?« fragte ich ihn. Er schwieg, ich fühlte, er stimmte mir zu (in jenen Tagen verschärften sich die Gefühle, das Einverständnis der Gesprächspartner aufs äußerste). Noch ein paar ähnliche Fragen und meine Antworten darauf. Er verstand alles.

»Sie sind gekommen, um uns zu schützen. Gegen wen?«

»Na, gegen wen – gegen verschiedene Rowdys.«

»Wir wurden nie gegen die Moskauer geschützt«, fuhr ich fort. »Uns hat noch nie jemand angegriffen, und niemand will uns angreifen. Sie wissen doch, was in der Stadt los ist.« Es ist komisch (heute) und dramatisch, tragisch (war es damals). »Ich fordere nachdrücklich, daß sich die Panzer und die Truppen sofort zurückziehen«, sagte ich abschließend.

Vierzig Minuten später war die Einkesselung aufgehoben.

9. Wie ich eine Wette verlor

Seit dem Morgen des neunzehnten August versuchte man, Kontakte mit den Militärs anzuknüpfen. Wir fingen damit an, daß W. Schachnowskij, der Geschäftsführer der Stadtverwaltung, mit dem Appell des Präsidenten und mit dem unseren direkt in die »Hölle« – zu den Führern des Moskauer Militärkreises – ging. Unsere Beziehungen waren früher nicht immer ausgeglichen, in den letzten Monaten aber viel wärmer geworden. Und plötzlich hatte sich alles verändert: Wir standen auf verschiedenen Seiten der Barrikaden – der Kreisbefehlshaber Generaloberst Kalinin wurde zum Stadtkommandanten ernannt. Auch früher gab es keine Freundschaft unter uns, obwohl wir danach strebten. Vor einiger Zeit besuchten Gawriil Popow und ich die Führung des Kreises, verbrachten dort ein paar Stunden, besprachen unsere weitere Zusammenarbeit. Zu diesem Zeitpunkt fanden auch Treffen mit dem Verteidigungsminister Jasow statt (darüber erzähle ich später).

Die Truppen, die sich in der Stadt befanden, brauchten dringend unsere Hilfe, obwohl die Tatsache, daß sie sich in der Hauptstadt und um die Hauptstadt herum in so großen Mengen aufhielten, vielleicht einzigartig in der zivilisierten Welt war. Truppenteile und Verbände, verschiedene Akademien, Einrichtungen, Lager, Stützpunkte – gewissermaßen Militarisierung – schmückten unsere Stadt keinesfalls. Nichtsdestoweniger blieb es Tatsache: Das Militär brauchte und, ich unterstreiche es, braucht Hilfe der Stadtverwaltung: die Wohnungszuweisung und vieles andere mehr, was für Menschen im Leben nötig ist und was den Leuten in Uniform oft fehlt.

Also ging Schachnowskij zu Kalinin und berichtete ihm im Namen der Stadt, daß sie den Kommandant nicht akzeptieren werde, daß die Befehle der Junta ungesetzlich seien, und forderte, die Truppen von der Stadt zurückzuziehen. Ich erinnere daran, daß es mitten am Tag des neunzehnten August war. In den Räumen der Führung herrschte nervöses Durcheinander.

Nach allem zu urteilen wunderte sich der General über unsere Zuversicht, und ich meine, diese Verwunderung, die in Unsicherheit überging, beeinflußte merklich seine Handlungen ... Halten Sie es nicht für überheblich, aber am Abend des neunzehnten ging ich mit dem Deputierten Sergei Tschernjak um die traditionelle Flasche Kefir eine Wette ein. Ich meinte, die Junta werde sieben bis zehn Tage durchhalten, Sergei rechnete mit fünf bis sechs. Der junge Demokrat gewann, er war der Wahrheit näher als ich.

Die Situation war damals schrecklich. Und doch wagten sie nicht, Schachnowskij, einen der Hauptorganisatoren des Widerstandes gegen die Junta, anzurühren. Übrigens möchte ich bemerken, daß sich die Residenz von Kalinin auf dem Territorium des Wahlkreises befindet, wo Wassilij zum Deputierten des Mossowjets kandidierte, also kam er zu seinen Wählern. Zum Abschied versprach der General dem Deputierten, daß keine einzige Patrone aus dem Lauf fliegen, kein Blut in Moskau vergossen werden wird.

»Sie müssen eine Wahl treffen«, sagte Schachnowskij.

Die folgenden Stunden zeigten, wie Kalinin gewählt hatte. Er erschien vor den Moskauern im Fernsehprogramm »Wremja« mit einem Bericht vom zweiten August über die Einführung der Sperrstunde.

Das Fehlen einer eigenen Einstellung, die für einen Menschen solchen Ranges überhaupt nicht vorstellbar ist, und die gedankenlose Ausführung der verbrecherischen Befehle wurden zum völligen persönlichen Fiasko. Und wie hoch stiegen auf diesem Hintergrund die Militärs, die ihre Wahl zugunsten des Gesetzes, der Demokratie getroffen hatten!

Die Armee war in sich schon lange nicht mehr einig. Der Putsch machte den Riß zu einem Bruch. Das Leben bestätigte das während dieser drei Tage auf komische und auf tragische Weise.

Am Abend des neunzehnten August kehrte, wie schon gesagt, Bürgermeister Gawriil Popow zurück. Damals waren wir noch besserer Meinung über die Junta und machten uns um den Bürgermeister Sorgen. Wir gaben uns Mühe, seine Sicherheit zu gewährleisten. Zum Flughafen »Vnukovo« fuhren sechs Autos: die Abholenden und die Schutzwache, die ehemaligen Mitarbeiter der bekannten »neun« – die Schutzmänner des Komitees der Staatssicherheit, die in den Dienst der russischen Regierung übergingen. Das Flugzeug landete mit einem Mitglied des Politbüros des ZK der KPdSU, auf den auch eine Schutzwache wartete. Die Jahre der gemeinsamen Arbeit hatten die jungen Männer miteinander bekanntgemacht, und jene, die den kommunistischen Vorgesetzten bewachten und nichts über den Bürgermeister wußten, freuten sich über die unerwartete »Hilfe«, interessierten sich sachlich: »Begleitet ihr uns?«

Unterwegs erzählte Popow, daß er sich am Tage mit dem Präsidenten Kyrgysstans getroffen hatte; die Einschätzung der Junta war eindeutig, und bald trat der Führer dieser Republik mit der entschiedenen Verurteilung der Verschwörer auf.

10. Marschall Jasow und General Kalinin treffen ihre Wahl

In der Nacht zum zwanzigsten August brachen einige Deputiertengruppen zu Rundfahrten durch Moskau auf. Sie hielten an den Militärkolonnen, unterhielten sich mit den Soldaten. Immer stärker wuchs die Überzeugung, daß die Truppen nicht auf das Volk schießen würden.

Wieder einmal mußte die Armee – natürlich nicht die verschwörerischen Generäle, die Soldaten und Offiziere – herhalten. Man rechnete damit, daß aus den blutigen Unruhen in den Städten Tiflis und Baku und in den baltischen Ländern, wo das Militär gegen die friedliche Bevölkerung Waffen einsetzte und unschuldige Menschen sterben mußten, niemand etwas gelernt hatte. Das war nicht mehr eine Verabredung der Parteibonzen mit einem Häuflein Generäle, nein, das war eine regelrechte Verschwörung, dafür trifft die Armee keine Schuld. Die Offiziere spürten, wie die Soldaten schwankten. Die Spannung übertrug sich – wie über eine Kette – von Mann zu Mann.

Ein Soldat erzählte den Deputierten: »Wir wurden in der Nacht geweckt, dann wurde der Appell abgeblasen, dann wurde wieder geweckt, um fünf Uhr morgens. Wir zogen aus, dann wurde wieder auf der Straße gestoppt. Es gab keine Aufgabenstellung, keine Informationen.«

Im Laufe der Jahrzehnte waren die Soldaten und Offiziere durch die »Politerziehung« verbogen, psychisch verdorben worden. Man forderte von ihnen, bedenkenlos Befehle auszuführen, wie absurd diese auch sein mochten, man erniedrigte sie, verletzte ständig ihre menschliche Würde und impfte ihnen eine Sklavenpsychologie ein. Nicht so sehr den Vorgesetzten als vielmehr der herrschenden Partei gegenüber, genauer: den allmächtigen Parteiführern. Keine Armee der zivilisierten Welt kennt eine so große und gleichzeitig so ausgeklügelte propagandistische Bearbeitung. Im zivilen Leben unserer Gesellschaft gehört das alles fast schon der Vergangenheit an, in der Armee jedoch nicht. Hier hat sich innerhalb der letzten sechs Jahre nur sehr wenig verändert. Die Parteigewalt bleibt hier immer total. Es war so, daß eine böswillige Entscheidung, die in den oberen Stockwerken beschlossen worden war und zum Blutvergießen in den Straßen führte, automatisch alles ins Verderben zog, sogar die Grünschnäbel, ohne zu prüfen, ob sie ehrlich oder unehrlich, schuldig oder unschuldig waren. Das Blut befleckte alle ohne Unterschied, und dieses Bandengesetz wurde gerade in der Armee kultiviert.

Es ist höchste Zeit, daß wir die Forderung stellen: Die Armee darf sich nicht am politischen Kampf beteiligen und sich gegen das Volk mißbrauchen lassen. Alle Militärangehörigen, vom Marschall bis zum einfachen Soldaten, sollen von dem Gehorsamszwang befreit werden, ungerechtfertigte Befehle ausführen zu müssen, und diejenigen, die diese Befehle erlassen, müssen strafrechtlich zur Verantwortung gezogen werden können. Dabei bleiben übrigens die Grundsätze über die führende Rolle der Kommunistischen Partei unangetastet, obwohl der bekannte Artikel des Grundgesetzes der UdSSR, der ihre Obrigkeit proklamiert hatte, längst aufgehoben ist.

Man kann auf Dauer die Armee nicht von der übrigen Gesellschaft absondern und sie vom Leben, das sich stets erneuert, fernhalten. Wenn wir nicht harte und konsequente Veränderungen durchsetzen (die Personalveränderungen sind nicht schwer durchzuführen), so werden wir kaum allen Dreck, der noch existiert und sich zeigen kann, herausbringen.

Ich kannte den Marschall Jasow und war überzeugt, daß seine Ernennung zum Verteidigungsminister nicht zufällig erfolgte. Nach der Auflösung der »Klassen« des ZK der KPdSU und in Übereinstimmung mit dem Präsidenten des Landes paßte auf den Posten des Verteidigungsministers am besten ein machtloser Greis mit Auszeichnungen, die er im Zweiten Weltkrieg im Kampf gegen Deutschland erhalten hatte. Es brauchte nicht eine führende Persönlichkeit zu sein, von ihm wurde keine Tatkraft erwartet. So wurde eine naive Garantie gegen etwaige Unannehmlichkeiten gesucht, die seitens der Armee drohten. Naiv, weil solche Menschen leicht zum Spielball in den Händen verbrecherisch Tatkräftiger werden. Ein unbeweglicher und apathischer Jasow machte den Verschwörern wahrscheinlich viele Sorgen, als sie sich bemühten, ihn in ihren Klüngel einzubeziehen.

Jasow wollte nicht – und konnte wahrscheinlich nicht – mit den Schwierigkeiten fertig werden, die die Armee durchmachte: den Alkoholmißbrauch, das Schikanieren der Schwachen durch die Starken, die Willkür der Kommandeure. Die Armee verwandelte sich allmählich zum Schreckgespenst, und die Mütter hatten Angst davor, ihre Söhne zum Militär zu geben. Ich, als Wirtschaftsfachmann, muß auch sagen, daß Jasow nichts unternahm, um das Leben in der Armee menschlicher zu gestalten. Seine persönliche Autorität war nicht groß, und das wirkte sich in den Beziehungen mit den Leitern aus, die etwas »geben« oder auch »nicht geben« konnten. Hierzu muß auch bemerkt werden, daß die Arbeit der Soldaten und Offiziere sehr schwer ist und Anerkennung in jedem Sinn verdient.

Charakteristisch für Jasow waren die Worte, die er im Fernsehen sagte: »In welchem Land kann ein Analphabet, ein Mushik, Verteidigungsminister werden!« Es ist zwar ein mißglückter Ausdruck, aber ich kann nicht umhin, diese Selbsteinschätzung als sehr treffend zu bezeichnen.

Ich begegnete Jasow öfter. Beim letzten Treffen, eine Woche vor dem Putsch, erblickte ich ihn mit Staunen, als ich das Dienstzimmer des Ministerpräsidenten verließ. Der Verteidigungsminister war dort selten zu Besuch.

Meine Versuche – zusammen mit G.H. Popow – Kontakte zu Jasow herzustellen, stießen ständig auf Ablehnung. Er mochte »das neue Moskau« nicht, wo in den Wahlen die Demokraten gesiegt hatten.

Kurze Zeit vor dem Putsch baten wir den Verteidigungsminister, die Armee möge sich an der Ernteeinbringung im Moskauer Gebiet beteiligen; dabei wurde die traditionelle unentgeltliche Patenschaft durch einen anständigen Verdienst ersetzt. Den Offizieren wurden fünfzig Rubel pro Tag versprochen, und die Soldaten sollten fünfundzwanzig Rubel erhalten, von denen fünfzehn auf ein Sparbuch kommen und fünf Rubel für die Verbesserung der Einrichtung in den Kasernen ausgegeben werden sollten. Die letzten fünf waren für die Verpflegung bestimmt. Wir versprachen, den Soldaten zu helfen, Fernsehapparate, Tonbandgeräte und Musikinstrumente zu kaufen. Innerhalb von zwei Dienstjahren konnte sich der Soldat (sie stammten bei weitem nicht alle aus gutsituierten Familien) etwas zusammensparen und etwa eineinhalbtausend Rubel mit nach Hause bringen. Bei den heutigen Problemen der Finanzierung in diesem Ministerium hätte man unser Angebot mit beiden Händen ergreifen müssen. Aber was für eine Antwort haben wir gehört? »Den Soldaten Lohn geben? Nein!«

Jasow war sehr dagegen, daß das Moskauer Rathaus, ›diese Demokraten‹, in den Augen der Soldaten irgendwie gut und menschlich aussieht. Er hatte Angst davor, daß sich zwischen der Bevölkerung und den Militäreinheiten freundliche, wohlwollende Beziehungen einstellen könnten. Der neue nach dem Zusammenbruch ernannte Verteidigungsminister Schaposchnikov und die Leitung des Ministeriums verstanden auf einmal unsere Vorschläge ...

Verteidigungsminister Jasow gab den Befehl, die Truppen in die Hauptstadt zu bringen, Generaloberst Kalinin führte ihn aus. Kalinin überlegt zwar langsam, ist aber dafür gescheit, ruhig und kennt sich in den Aufgaben des Militärs gut aus. Wie es das nicht selten gibt, diente er sich in der Hierarchie nach oben, bis auf diese hohe Stelle. Gerechterweise muß ich bemerken, daß er nicht sehr aktiv bei der Erfüllung der Befehle war. Ich glaube, daß viele Militärs, einschließlich solcher wie General Kalinin, durch die Übergriffe der Putschisten einen Schluckauf bekommten hatten. Aber der Truppenaufmarsch, die Blockade des »Weißen Hauses«, der Zeitungsverlage, des Rathauses und anderer Stellen wurden unter seinem Befehl durchgeführt. Hier kann man weder etwas dazutun noch etwas davon wegnehmen. Er führte auch die Ausgangssperre ein.

Der Befehl wurde vom Kommandeur des Moskauer Wehrbezirks ausgegeben, und die Armee zog in die Hauptstadt ein. Bald wurde mir gemeldet, ein Panzer habe eine Raupenkette verloren, ein anderer sei in den Straßengraben gekippt, und bei einem dritten sei die Gelenkwelle kaputtgegangen.

Das ist von allen Seiten eine traurige Schau, wenn sich Truppen in der friedlichen Hauptstadt blicken lassen. Mit dem Kommandeur des Wehrbezirks, Generaloberst Kalinin, führte ich daher eine Reihe von Telefongesprächen. Am Morgen des neunzehnten August rief ich ihn an und forderte: »Ziehen Sie alle Truppen ab! Das Rathaus wird keinen Militärkommandanten anerkennen.« Am Abend: »Die Benutzung der Waffen muß verboten und die Truppen müssen abgezogen werden!«

Am Abend des zwanzigsten August, nachdem das Vorgehen des Militärs im Fernsehprogramm »Blick« erklärt worden war, war ich im »Weißen Haus« und rief das Kommandantenquartier von Jelzins Arbeitszimmer aus an. Der Diensthabende Oberst lehnte es glattweg ab, mich mit dem General zu verbinden, der angeblich sehr beschäftigt war. So gab ich telefonisch durch, das Rathaus erkenne die Vorgehensweise des Kommandanten nicht an und halte sie für eine Provokation.

Am zwanzigsten August, nachdem ich von Generaloberst Kalinin nur gehört hatte, daß er außerstande sei, etwas zu unternehmen, und daß er nur Vollstrecker der Befehle sei (er, der Generaloberst, der Befehlshaber des Militärbezirks!), antwortete ich ihm: »Sie haben die Möglichkeit zu wählen und dabei das Gesicht nicht zu verlieren. Wenn Sie die Entscheidung treffen, daß die belogenen Truppen die Hauptstadt verlassen und mit der Besetzung der Stadt Schluß machen, dann werden Sie wie ein Mensch wirken – auf alle anderen Menschen, auch auf die Kinder. Die Stunde der Wahrheit muß es für jedermann geben können.«

11. Der Fernseh- und Rundfunkchef mag das Ballett »Schwanensee«

Die Stunde der Wahrheit ist eine harte Prüfung. Man kann auch ein Leben lang immer wieder dieser schwersten Stunde ausweichen, in der man mit seinem Gewissen, mit sich allein sein und einen entscheidenden Entschluß fassen sollte. Nicht ausgeschlossen, daß manche in diesen Minuten gar nicht mit ihrem Gewissen, sondern nur mit ihrer Gewinnsucht »reden«.

Ich maße mir nicht an, den ehemaligen Fernseh- und Rundfunkchef Krawtschenko zu beurteilen und in die Seelentiefe eines Pragmatikers, wie er sich selbst nennt, einzudringen. Ich möchte jedoch wiedergeben, was am Dienstag, dem zwanzigsten August, stattfand, in der Zeit, als die Moskauer Einwohner wie gewöhnlich das regionale Fernsehprogramm sehen wollten.

Ich hatte L. Krawtschenko gebeten, uns, d.h. mich und G.H. Popow, in dieser Sendung zu Wort kommen zu lassen. Wirklich: Ich hatte ihn inständig darum gebeten.

»Ich kann Sie nicht ins Studio einladen«, antwortete er, »das ist mir verboten. Sie wissen ja, welche Ordnung bei uns eingeführt wurde.«

»Dann lassen Sie jemanden zu uns ins Rathaus kommen und hier ein Interview machen.« Ich fühlte mich ermutigt, weil am Abend zuvor, dem neunzehnten August, im Fernsehen – entgegen allem, was früher und später gezeigt wurde und nach unzähligen Wiederholungen des »Schwanensee« – eine aktuelle Sendung erschien: Eine Menschenmenge verharrt vor dem »Weißen Haus«, und Boris Jelzin, auf einem Panzer stehend, verkündet eine Proklamation an das Volk und ruft zu einem allgemeinen Streik auf.

Ich verbeuge mich tief vor den Menschen, die den Mut hatten, dieses Thema aufzugreifen und eigenverantwortlich auszustrahlen. Ich weiß, daß die Konsequenzen in Bezug auf diese mutigen Menschen prompt gezogen wurden. Am Anfang kehrte sich die Wahrheit auf dem Bildschirm gegen die Urheber, und die Fortsetzung war ganz von der Blutgier der Putschisten abhängig. Aber Millionen von Menschen hatten einen Schluck frischer lebendiger Luft erhalten.

»Man entläßt mich, wenn ich Sie mit Popow sende«, erklärte Krawtschenko.

»Sie werden eine Woche ohne Anstellung sein, aber dann, wenn die gesetzliche Macht wiederhergestellt ist, wird Ihre edle Tat nicht vergessen werden, und Sie werden im Triumph zurückkehren. Sie haben sich einen Mann von Gorbatschow genannt, bleiben Sie so bis zum Ende, bezeugen Sie Ihre Treue.«

Das Fernsehteam kam in die Stadtverwaltung, wir sprachen länger als eine halbe Stunde und stellten unseren Standpunkt ganz klar dar. Am Abend nahmen wir vor dem Fernseher in Popows Amtszimmer Platz, in der Erwartung, daß unsere Interviews die Lage in Moskau realistisch schildern und den Menschen helfen würden, unter ihnen auch vielen in Zeitungsverlagen, damit sie ihre Stellung endlich klar sehen konnten.

Muß noch erzählt werden, daß sich unsere Erwartung als Naivität entpuppte? Auf dem Bildschirm erschien von uns und G.H. Popow nur etwas von einem Tag und einer Nacht, nachdem der Putsch zusammengebrochen war. Alles wurde klar, auch die Sache mit Leonid Krawtschenko, dem allmächtigen Fernseh- und Rundfunkchef der UdSSR. Er wurde entlassen. Wir alle sind Menschen; die Super-Men, die nie Schwankungen empfinden, sind ausgesprochen selten und eher eine Abweichung vom Normalmenschen.

In jenen drei historisch so bedeutungsvollen Tagen hatte ich weder Zeit noch Lust für persönliche Erlebnisse; nur ab und zu empfand ich mich in einem seltsamen Zustand, als ob das Ganze nicht mir, sondern jemand anderem geschehen wäre, und ich beobachtete kalt und sogar interessiert die Reihenfolge der Ereignisse und mich selbst mittendrin.

Wie ich bereits sagte, gab es von den ersten Stunden des Putsches an weder bei mir noch bei meinen Genossen im Rathaus Schwankungen in der Einschätzung des Putsches: Das war eine kommunistische Verschwörung, ein Attentat auf die gesetzliche Macht. Diese Einstellung war eine feste Stütze für meine Empfindungen, Gedanken und Handlungen. Eine Stütze war auch die Entschlossenheit der Menschen um mich herum, vor allem G. Popow und Boris Jelzin, der sich in der letzten Zeit zusehends den Ruf eines fähigen Politikers zulegte (als Organisator war er ja schon immer hervorragend, obwohl er aus Swerdlowsk eine etwas idealistische Einschätzung seiner eigenen Möglichkeiten nach Moskau mitbrachte).

Es gab keine Furcht, es gab nur ruhige Zuversicht.

In der Vergangenheit, als ich als Generaldirektor in einem großen wissenschaftlichen Produktionsbetrieb arbeitete, war der Dezember für mich die beste Jahreszeit: Der Plan drückte mit seiner Schwere, die Geschäfte brachen plötzlich auseinander, die Hoffnungen und Sorgen sausten orkanartig über Betriebe und wissenschaftliche Kollektive, und die Entscheidungen mußte man schnell und exakt treffen. Ich liebte damals diese Dezember.

12. Die Börse stellt ihren Betrieb ein

Den neunzehnten, den zwanzigsten, den einundzwanzigsten ... Jede vierundzwanzig Stunden hatten für mich ihren eigenen Sinn, hinterließen ihre eigenen Spuren.

Mir fiel ein Stein vom Herzen, als ich erfuhr, daß Gawriil Popow aus Kyrgysstan zurückkehrte und jeden Augenblick im Rathaus erscheinen würde. Der neunzehnte endete für mich etwa um zwei Uhr nachts, als ich nach Hause kam, wie schon berichtet. Meine Frau wartete auf mich, war besorgt, und diese verspätete Begegnung gab uns beiden neue Kraft, einen inneren Zusammenhalt, was einen besonderen Wert hat, wenn Gefahr naht. Am zwanzigsten begann der Arbeitstag morgens um sieben im Rathaus. Bei mir versammelten sich der Stellvertretende Ministerpräsident; der Präfekt des zentralen Stadtbezirks, A. Musykantskij; der Geschäftsführer der Stadtverwaltung, W. Schachnowskij; der Departementleiter des Bürgermeisters, E. Sawostjanow, und andere. Zum Unterschied vom Vortag begann man die Arbeit zu planen. Die Aufgaben waren: die Blockade des Rathauses durch die Truppen zu unterbinden; alle Möglichkeiten ausnutzen, um Barrikaden vor dem »Weißen Haus« und auf den Hauptverkehrsstraßen zu errichten, wo Panzer auftauchen konnten; die Verpflegung für die Barrikadenverteidiger zu organisieren; die geschlossene demokratische Rundfunkstation »Das Echo von Moskau« wieder aufzumachen; einen Versuch zu unternehmen, ins Fernsehen durchzustoßen (wie dieser Versuch endete, habe ich schon erzählt); die Propaganda unter Soldaten und Offizieren fortzusetzen und zu verstärken. Die meisten von ihnen wußten nämlich überhaupt nicht, zu welchem Zweck sie nach Moskau getrieben worden waren. Ich erinnere, daß dies sogar das erlaubte Fernsehen nicht verstecken konnte: Die Soldaten ließen hilflos die Hände sinken, wenn sie von den Reportern über die von den Truppen gestellten Ziele befragt wurden. In der Lebensmittelversorgung, in der Energiewirtschaft und in der Wasserversorgung sowie in anderen Branchen durften keine Ausfälle entstehen. Der Streikaufruf bezog diese Wirtschaftszweige nicht mit ein. Die Bauarbeiter wurden gebeten, nicht zu streiken, vor allem bei Wohnhäusern, Schulen und Krankenhäusern. Aber wir stießen bei den Bauarbeitern auf hartnäckige Ablehnung. Der Betrieb in der Moskauer Börse und in der Börse der RSFSR wurde eingestellt. Es gab eine ganze Menge solcher einzelner Ereignisse, aber zu einem allgemeinen Streik kam es in der Stadt nicht. Dafür gibt es eigene Erklärungen. Es ist unbestreitbar, daß sich die Moskauer in Bezug auf den Charakter und die Absichten der Verschwörer nicht irrten. Diese wurden überall verflucht, laut und leise, und nicht nur von den Menschen, die in der Politik erfahren sind, sondern gerade von dem sogenannten einfachen Volk. Tausende und Abertausende, vor allem junge Menschen, beschränkten sich aber nicht auf Gespräche, sondern gingen auf die Barrikaden. Jeder entscheidende Schritt der Junta hätte eine gewaltige Explosion ausgelöst. Sie hatte das verstanden, und deshalb schwankten am zwanzigsten August, dem zweiten Tag des Putsches, die Waagschalen im Ungleichgewicht. Ich habe keinen Zweifel, daß die äußersten Maßnahmen der Junta die Moskauer gezwungen hätten, zu ihrer schärfsten Waffe, das heißt zu einem unbefristeten Generalstreik zu greifen.

Ich denke an die großen Produktionskollektive, in erster Linie an das von den Moskauern geliebte riesige Liehatschow-Autowerk, wo die Parteikomitees (das Stadtkomitee der KPdSU hatte noch einen langen Arm) und die Administration ihren Willen noch durchzusetzen vermochten und die Arbeiter nicht zur aktiven Teilnahme an die Seite der gesetzlichen Macht ließen. Man müßte dort nachdenken – über das Geschehene, über sich selbst, über die eigene Zukunft und die Zukunft des Landes. Sie brauchen die Demokratie, und die Demokratie braucht sie.

Laßt jeden mit sich selbst ins reine kommen und seine Stellung bis zum Ende bestimmen. Die Prüfungen haben für uns alle nicht geendet. Jede ungesetzliche Handlung, jeder, selbst der geringste Versuch, die erkämpfte Freiheit zu beschränken, muß eine scharfe Reaktion seitens der Kollektive und ihrer Leiter auslösen.

Das Verhalten des Deputiertenkorps und der Präfekturen zum Putsch war überall eindeutig von Anfang an: Der Umsturz ist ungesetzlich. Dennoch ...

Einer der Vorsitzenden der Rayonssowjets ordnete auf die telefonische Durchsage aus dem Rathaus, die eine politische Einschätzung des Putsches übermittelte und zum Streik aufrief, an: »Einstweilen nicht erfüllen«. Anschließend sagte er, daß er die Situation nicht noch mehr verschärfen wollte. Wahrscheinlich stand die »Verschärfung der Lage« durch die Junta völlig im Einklang mit der augenblicklichen Situation. Die Junta brauchte auch nichts mehr. Wenn die Moskauer sich entschlossen hätten, die Situation zu verschärfen, hätte das für alle schlimm enden können. Es kam zum Glück anders.

Ganz Moskau war auf den Barrikaden: Die Arbeiter zusammen mit den Intellektuellen, Studenten und Oberschülern, die Jugend zusammen mit den Älteren, von denen viele Männer die Orden trugen, die sie im Zweiten Weltkrieg erhalten hatten. Auch junge Männer, die Afghanistan durchgemacht hatten, waren dabei.

Wir wollen auch den Deputierten des Moskauer Stadtsowjets und der Rayonsowjets sowie der Moskauer Wählervereinigung und der Bewegung »Demokratisches Rußland« Gerechtigkeit widerfahren lassen – sie befanden sich an der Spitze des Volkswiderstandes, organisierten die Abwehr, gingen tapfer in die Truppeneinheiten, um dorthin die Worte Moskaus zu bringen. Ich unterstreiche: Gerade in unserer Stadt spielte sich der entscheidende Kampf ab, und wenn ich jetzt Menschen treffe, die aus anderen Orten kommen, wo es ruhig war, wundere ich mich über deren häufiges Unverständnis gegenüber dem, was sich in der Hauptstadt ereignet hat.

Zusammen mit Boris Jelzin, einer Seele des Widerstandes, muß auch Gawriil Popow genannt werden; ein demokratischer Bürgermeister der Hauptstadt, ein Professor und Intellektueller bis auf die Knochen (solche wurden von Lenin »verfault« genannt) gab in diesen Tagen ein Beispiel des Muts, der Zuversicht und Sachlichkeit. Er vereinigte in sich politisches Geschick und großes Organisationstalent, gleichzeitig arbeitete er viel und nützlich mit Boris Jelzin zusammen.

Seit den ersten Stunden des Putsches bestand zwischen dem »Weißen Haus«, dem dort geschaffenen Verteidigungskomitee, und der Stadtverwaltung eine Verbindung. Sowohl die Militärs als auch die Nichtmilitärs in diesem Komitee handelten korrekt, mit völligem Verständnis für die Situation, und die Stadtverwaltung nahm sofort ihre Kommandos entgegen.

13. Man will uns verhaften

Als wir zusammen mit Gawriil Popow aus verschiedenen Quellen darüber informiert wurden, daß man uns in der Nacht zum einundzwanzigsten August um drei Uhr verhaften wolle, begannen wir, uns einige Verhaltensvarianten zu überlegen. Beraten wurde ohne Emotionen.

Gegen Abend des zwanzigsten überdachten wir sachlich, wo und auf welche Weise wir verhaftet werden könnten: im Rathaus oder zu Hause, zusammen oder einzeln, und wie wir uns verhalten müßten. Die Verhaftung zu Hause wurde gleich abgelehnt, da sie für die Angehörigen traumatische Folgen haben könnte. In einem dunklen Hof, ohne Zeugen, wäre es ein leichtes, einen Fluchtversuch zu konstruieren, mit allen daraus resultierenden Folgen. Wir kannten die Gebräuche der Juntamitglieder nur zu gut! Endlich wurde beschlossen, bis auf weiteres im Rathaus zu bleiben. Hier müßte die Verhaftung vor den Augen der Menschen vor sich gehen, und bis zu den berüchtigten »Woronki« (»Rabenwagen«) wären wir von Blicken Dutzender von Menschen begleitet. Alles weitere müßte dann die Junta allein verantworten. Das flößte uns irgendwann Hoffnung ein, obwohl jetzt, nach vernünftiger Überlegung, erscheint eine solche Vertröstung nichts weiter als Selbsttäuschung.

Zum ersten Mal horchten wir, die wir die Verhaftungen, das nächtliche Klopfen an die Tür nur aus den Büchern von Solschenyzin, Schalamow, Ginzburg, Rybakow und aus den Erzählungen der Älteren kannten, wachsam auf das Knirschen der stalinistischen Repressionsmaschinerie, die aufs neue die Menschen bedrohte. Wahrscheinlich hat niemand vermutet, sogar am Vorabend der ausbrechenden Tragödie nicht, daß die Geschichte noch eine Schleife drehen würde, und daß nicht unseren Großvätern und Vätern, sondern uns beschieden sein würde zu wählen, ob wir uns vor dem roten Terror neigen oder nicht.

Übrigens, die Wahl wurde von uns schon früher getroffen, und wir haben das unter Beweis gestellt, als wir am achtundzwanzigsten März bei dem Gegenüberstehen nicht zurückwichen. An diesem sogenannten Probetag erdreistete sich die Junta, die für das Volk noch nicht sichtbar war, zum ersten Mal während eines Treffens der Demokraten die Stadt mit Militärfahrzeugen und mit Zehntausenden von bewaffneten »Rechtsschützern« zu überfluten. Wir konnten es uns nicht erlauben, von unserem Weg abzuweichen, denn es hätte bedeutet, uns selbst moralisch zu vernichten. Ich bin sicher, so oder so ähnlich führte jeder das Gespräch mit dem eigenen Gewissen, der entschlossen war, sich aktiv zu widersetzen.

Gegen neun Uhr abends erhielten wir die dringende und nachdrückliche Empfehlung des »Weißen Hauses«, wir sollten unverzüglich dorthin umziehen, die Lage begänne sich zu verschärfen. Wir beschlossen, nicht mit unseren Wagen, sondern mit einem kleinen Bus in Begleitung einer Gruppe aus den Milizabteilungen für Spezialeinsätze (OMON) zu fahren. Die Vorbereitung war kurz. Ich hatte vorher mit Gavriil Popow verabredet, daß meine Frau mitgenommen werden müsse (andernfalls wollte ich nicht fahren). »Laß sie mitkommen«, sagte er gelassen, als ob die Rede von einem Theaterbesuch wäre.

An diesem Abend kam ich zum ersten Mal mit der schon erwähnten speziellen Milizabordnung in Berührung und überzeugte mich mit eigenen Augen von ihrem Wohlwollen. Die jungen Männer kamen nicht in Verwirrung, obwohl sie wußten, daß die Junta ihnen nichts vergeben würde.

Neben dem Haus wurde ein Auto entladen. Ein phantastisches Bild: Die »Verladearbeiter« in Anzügen und mit blankgeputzten Schuhen rückten ungeschickt die Ziegelsteine hin und her, obwohl es spät am Abend war und, wie ich wußte, keine Baustelle in dem Hof geplant war. Kaum hatte unser Bus gestoppt, als auch schon unsere Leibwächter, mit Maschinenpistolen bewaffnet, in der Straße waren und alle Zugänge blockierten. Meine Frau, die Verpflegung mit hatte, was später sehr gelegen kam, wartete im Hauseingang. Wir tauchten im Bus unter, der fuhr an, und die »Verladearbeiter« (ohne Zweifel Angehörige der Staatssicherheit) verschwanden in der Dunkelheit.

Der Bus hielt in der Nähe des Zoos. Weiter konnte man nicht fahren, weil auch an diesen fernen Zugängen um das »Weiße Haus« ein Sperrgürtel errichtet worden war. Unsere Jungens mit den Maschinenpistolen bildeten einen Schutzring um uns, und die ganze Schar begab sich mit schnellen Schritten zum »Weißen Haus«.

Auf den Barrikaden erkannte man Gawriil Popow, und wir wurden mit den Rufen »Der Popow ist mit dabei!«, »Muzhiki, der Popow kommt!« und »Hurra!« gleichsam von Hand zu Hand weiter übergeben. Das prägt sich für lange, für das ganze Leben ein: die Dramatik des Augenblicks, die Anerkennung und das Vertrauen der Moskauer. Später stellte sich heraus, daß ich in diesem Moment von meinem zwei Jahre jüngeren Bruder erkannt wurde, der auf die Barrikaden gekommen war. Das erfuhr ich nach ein paar Stunden, als ich bei Sergei anrief und ihn bat, die Mutter zu beruhigen und ihr zu sagen, ich sei am Leben und gesund. Außerdem bat ich ihn, zu mir nach Hause zu fahren, dort meinen achtzehnjährigen Sohn zu nehmen und ihn von der Wohnung wegzubringen. »Sascha ist jetzt ganz auf dich angewiesen«, sagte ich ihm, und da erzählte er, daß er gesehen habe, wie wir zum »Weißen Haus« gegangen seien.

»Weshalb hast du mich nicht gerufen?«

»Und warum? Du konntest mich ja sowieso nicht mitnehmen, und außerdem wollte ich die Barrikade nicht verlassen. Und dableiben wäre für dich gefährlich geworden. Auf diese Weise nicht, und auf die andere auch nicht. Dazu gingen alle sehr schnell, stehenbleiben war bedrohlich. Ich glaube, an Provokateuren hat es nicht gefehlt ...«

Bei der Einfahrt zum »Weißen Haus« nahmen die Begleiter von uns Abschied. Ihre Namen blieben mir unbekannt.

14. Die Zahl der Selbstmorde wächst

Heute erinnere mich ich oft mit guten Worten der jungen Leute der Miliz, die uns zum »Weißen Haus« begleiteten. Wie in jenen Tagen kann ich auch jetzt über die Miliz verschiedenes hören. Ihre Einstellung in der Zeit neunzehnter bis einundzwanzigster August war, meine ich, anständig. Ich definiere sie nicht als »würdig«, aber als »anständig«.

Die Moskauer wissen, daß die Deputierten, das Exekutivkomitee des Moskauer Stadtsowjets und danach die Stadtverwaltung dafür kämpften, daß die Miliz dem Rathaus unterstellt wurde und nicht dem Innenministerium der UdSSR. Das Ministerium widersetzte sich, verwarf dabei die Interessen der Arbeit und sogar den gesunden Menschenverstand. Es war ganz klar: Die Erwägungen waren rein politisch: Wer an der Spitze der Miliz steht, hält den Schlüssel der Stadt in der Hand. Ich bin überzeugt davon, das war nicht die Einstellung des Ministeriums, zumindest nicht des Ministers Pugo selbst, sondern die seiner Lehrmeister der führenden Beamten der Kommunistischen Partei, der er mit Leib und Seele diente.

Der Chef der Moskauer Miliz, der in früheren Jahren zwei Posten bekleidete, war eher der Stellvertreter des Innenministers der UdSSR als Vorgesetzter der städtischen Miliz, obgleich er geschickt seine Ergebenheit an Moskau demonstrierte. Der General, der ihn kurz vor dem Putsch ablöste, hatte alle Stufen einer Milizlaufbahn durchgemacht, wurde von den Untergebenen geachtet und bemühte sich, sich der Stadt zuzuwenden, obwohl er ebenso etlichen Ressorts zugleich dienen mußte: den zwei Ministerien, dem der UdSSR und dem der RSFSR, dann dem Stadtkomitee der KPdSU und dem KGB, das ja auch seine Interessen in der Moskauer Miliz wahren wollte.

Am neunzehnten August wurde der General zum Stellvertreter des Militärkommandanten Moskaus ernannt. Es hagelte Befehle von allen Seiten, und er beschloß, sich möglichst von allem zurückzuziehen, und als Ergebnis konnte er keinem einen Gefallen tun. Meine Hinweise hörte er sich aufmerksam an und bemühte sich, sie nach Kräften auszuführen. Aber das Los eines Menschen, der in einer schweren Stunde seinen Orientierungspunkt nicht finden konnte, ist nicht beneidenswert, er erleidet auf jeden Fall einen Zusammenbruch. Mir tut es leid um diesen General, er war ein würdiger Mann, aber er verirrte sich im Dschungel der Befehle.

Der Minister des Inneren, Pugo, war ganz anders: Er war sozusagen im Schoß der KPdSU geboren und blieb ihr treuer Soldat fast bis zum Ende. Menschen, die ihn am zwanzigsten aus der Nähe sahen, erinnern sich an ihn als einen gebrochenen Mann.

Als Pugo zum Innenminister ernannt wurde, verstand er, was von ihm gefordert wurde: die Weisungen der Partei, des Generalsekretärs des ZR der KPdSU. Das Neue, das in den letzten Jahren das Leben unserer Gesellschaft erfüllte, verstand er nicht und nahm es nicht an. Seine kommunistischen Anschauungen erwiesen sich als konserviert auf ewig. Im März hätte er sein Gewissen mit dem Blut der Moskauer belastet, wenn sich die Konfrontation bis zum Konflikt entwikkelt hätte. Ich sage das mit völliger Überzeugung. Die »Demokraten« waren und blieben für ihn seine persönlichen Feinde, »die Friedensstörer«.

Ich weiß nicht, ob eine Untersuchung die psychologischen Strukturen der Persönlichkeit von Pugo ans Tageslicht bringen wird, aber daß seinem rätselhaften Tod, unmittelbar nach dem Putsch, ein innerer Zusammenbruch vorausging, ist augenscheinlich. Am folgenden Tag rief man mich aus dem Innenministerium an mit der Bitte, die Beerdigung Pugos vorzubereiten. Man beeilte sich, sich von dem Menschen loszusagen, der noch gar nicht bestattet war.

Der Tod Pugos, eines unbeugsamen Kommunisten, der eine der Hauptpersonen des Putsches und gleichzeitig eines seiner ersten Opfer war, führte eine besondere Liste an. Bald schieden Marschall Achromejew und der Geschäftsführer des ZK der KPdSU, Krutschina, aus dem Leben, wodurch viel Gerede, viele Fragen ohne Antworten und Antworten, die immer neue Fragen auftauchen ließen, aufgewirbelt wurden.

In den letzten Jahren wurden dem Land viel zuviel »Rätsel« aufgegeben, die man meiner Meinung nach weder erklären noch rechtfertigen kann, indem man die Verschwörer sucht, die uns dem Gesicht nach bekannt sind.

Die blutige und rätselhafte Kette von Ereignissen fing in Sumgait und in Baku an, setzte sich fort in Tbilissi, in Berg-Karabach und in den Baltischen Republiken. Wer traf die politischen Entscheidungen, die den Vollstreckern der ungesetzlichen Urteile die Hände lösten? Wer gab die Befehle und half danach, die Spuren zu verwischen, die sich zu den nächsten unschuldigen Opfern hinzogen? Wer hatte die Kühnheit und lud eine schwere Sünde auf sich, unsere Gesellschaft an die Aderlässe zu gewöhnen, als nützliche Methode zur Lösung politischer, wirtschaftlicher, sozialer und zwischennationaler Probleme, und ganz wesentlich: Wer bereitete den Weg zum Putsch?

Ohne echte und aufrichtige Antworten auf diese und ähnliche Fragen, die nicht in Wortgefechten oder in endlosen und rechtlosen Kommissionen ersäuft werden dürfen, kann man die Lehren des August nicht bewältigen und das Land nicht mehr sichern vor denen, die das Vergangene noch einmal wiederholen wollen.

Ist es denn ein Zufall oder eine Koketterie des Berufsverbrechers, der zeigen will, daß das Meer bloß knietief ist, oder muß man nach etwas Größerem, Unheildrohendem in den Worten des Chefs des KGB, Krjutschkow, suchen, die er im Gefängnis sagte: »Werden wir noch arbeiten?« Für wen und auf welche Weise bereitete er sich vor zu arbeiten, wenn man das alles für bare Münze nehmen wollte?

Fragen, Fragen, Fragen ...

Kommen wir aber zu den Selbstmorden von Achromejew und Krutschina zurück. Achromejew war nicht ein »einfacher« Marschall, er war der nächste Ratgeber des Präsidenten. Die Falkenblicke dieses Ratgebers waren sowohl in der Heimat als auch im Ausland sehr gut bekannt. Welche militärischen Geheimnisse nahm er mit sich, er, der nach den Beobachtungen der Menschen, die ihm sehr nahe standen, nicht imstande war, sich das Leben zu nehmen? Krutschina, der Geschäftsführer des ZK der KPdSU, befand sich auch nicht unter den Verschwörern und hatte demnach angeblich nichts zu befürchten. Dieser Posten in der Partei war sehr hoch, obwohl Krutschina kein Stern der ersten Größe am politischen Firmament war. Er fungierte als »Finanzminister« der KPdSU, ihr Hauptwirtschaftler. Er kannte alle Kanäle, durch die das Geld in die KPdSU kam und sie verließ. Meine Arbeit führte mich mehr als einmal mit Krutschina zusammen. Er war ein sanfter, umgänglicher, kluger, liebenswürdiger Gesprächspartner. Zum letzten Mal sah ich ihn, als ich zusammen mit dem Deputierten des Obersten Sowjet der UdSSR, Juri Afanasjew, zu ihm kam, um die Geschicke der Humanitären Universität Rußlands, deren Rektor J. Afanasjew war, zu beraten. Zuvor hatten wir eine entschiedene Unterstützung von M. Gorbatschow (was nicht häufig geschah) erhalten. Das Gespräch erwies sich als lang und sinnlos. Ich war ärgerlich, und Juri Afanasjew sagte, daß er umsonst hierher gekommen sei und außer leerer Worte nichts erhalten werde. Krutschina versuchte, die scharfen Ecken zu runden, und rügte mich für meine Heftigkeit sanft und liebenswürdig. Unmöglich, sich vorzustellen, daß dieser ausgeglichene Mensch sich aus dem Fenster gestürzt haben soll.

Die schweren Zeiten für die KPdSU hinderten ihre Funktionäre nicht daran, sich alle zu versorgen. Binnen einer verhältnismäßig kurzen Zeitspanne wurden in verschiedenen Banken Milliarden von Rubel untergebracht, um auf diese Weise die Parteikasse zu verstecken. Die Gelder flossen in gemeinschaftliche Unternehmen, die den flüchtenden Parteibeamten Asyl gewährten. Aber Krutschina war dafür eher moralisch als strafrechtlich verantwortlich, eine gesellschaftliche Organisation ist berechtigt, ihr Geld dort zu deponieren, wo sie es für richtig hält. Krutschina wußte auch über die persönlichen Ausgaben der Führer Bescheid, worin es eigene Feinheiten geben kann. Aber die bleiben stumm.

Selbstverständlich sind das Vermutungen, Konstruktionen, Fragen an niemand, obwohl wir keinesfalls warten müssen, bis die Geschichte alles in Ordnung bringt.

15. Wer klettert auf die Kremlmauer?

Meine Darstellungen sind nicht die eines erfolgreichen Anklägers oder eines gutherzigen Menschen, der durch des Schicksals Fügung mitten in Ereignisse geriet, die von Verschwörern aus der nächsten Umgebung des Präsidenten, die seine Vertrauenspersonen waren, angezettelt wurden. Und ich wäre unaufrichtig, wenn ich in diesen Notizen über den Putsch Gorbatschow abseits ließe.

Das äußere Bild der kommunistischen Verschwörung schien einfach: Die Putschisten handelten gegen den Präsidenten, und er wurde ihr Opfer. Gott sei Dank, es passierte ihm nicht das Allerschlimmste, und gerade deshalb bin ich berechtigt, gelassen und sachlich in meinem Gedächtnis die Gruppierungen und Bewegungen der Figuren wachzurufen, die verspielt haben, nein, nicht bei den anderen politischen Figuren, sondern praktisch bei dem ganzen Dreihundert-Millionen-Volk, vor allem aber bei den Moskauern (weil sich die Verhältnisse derart gestalteten). Die Demokratie – das ist die Macht des Volkes, und diesmal hat sie in Rußland gesiegt.

Wenn ich jetzt an die Jahre 1990 und 1991 zurückdenke, an die Ebben und Fluten in der Politik des Präsidenten, ertappe ich mich bei »aufrührerischen Gedanken: Er selbst in höchsteigner Person hatte die Putschisten zusammengesammelt und hatte ehrliche, objektiv denkende Kampfgenossen aus seiner Umgebung verjagt, alle: linke und rechte, ganz zu schweigen von den leidenschaftlichen Demokraten. Er hatte sich leichten Herzens sogar von klugen Menschen getrennt (gewöhnlich machen das nichtsnützige Vorgesetzte, die fürchten, Menschen bei sich zu haben, die ihre eigenen Verdienste schmälern könnten). Was hat denn den Präsidenten mit diesem politischen Pack verbunden? Die Gemeinsamkeit in der Beurteilung der Lage im Land und der Rezepte für die Sonderarzneien, oder ein gemeinsames Bestreben, die auseinanderfallende Union, und das heißt auch ihre Macht im Land, zu retten? Aller Wahrscheinlichkeit nach. Aber ich maße mir nicht an, seine wirklichen Motive zu kennen. Man hört manchmal, der Präsident hätte mit seinem eigenen Leib das Land vor den Umtrieben der Reaktion verteidigt, er wäre vor ihr ausgewichen als schlauer Politiker, Analytiker, der die Kunst beherrschte, das Größtmögliche zu erreichen. Ich weiß nicht, überzeugte sich der Präsident selbst davon, war er davon überzeugt? Aber innerhalb der drei Tage im August brach diese ungeheure Theorie zusammen: Das Volk und die Armee des Volkes sprachen das entscheidende Wort, sie folgten Jelzin und nicht der kommunistischen Junta.

Das Verhältnis der Kräfte und Ansichten in der nächsten Umgebung des Präsidenten, die zuletzt hundertprozentig reaktionär war, spiegelte keinesfalls die Realität im Lande wider. Sie war vielmehr ein bösartiges Zerrbild, vorteilhaft und wünschenswert nur für die Imperium-Oberspitze, deren getreue Waffenträger aus dem KGB, das Verteidigungsministerium und das Innenministerium, die ihre Haut retten wollten.

Der Urheber der »Perestrojka«, die Hoffnung für Millionen in der Heimat und im Ausland, gestattete widerspruchslos, daß er getäuscht wurde, beziehungsweise wünschte insgeheim, getäuscht zu werden – aus Angst vor dem »bösen Geist«, den er aus der Flasche befreit hatte. In seinem politischen Wortschatz wurden »die sogenannten Demokraten« zu einem geläufigen Schimpfwort. Die Umgebung des Präsidenten ließ nur speziell gefilterte und für sie vorteilhafte Informationen an ihn weitergeben, die von Ränken und Intrigen in allen Ecken und Winkeln des Landes berichteten und mit Verschwörungen und Machtergreifung drohten.

So weit ging dieser Unfug, daß man ernsthaft vermutete, die Moskauer würden am achtundzwanzigsten März mit Eisenhaken zu der Demonstration kommen, um mit ihrer Hilfe die Kremlmauer zu besteigen! Ministerpräsident Pawlow tischte mir mit klugem Gesicht dieses schizophrene Gespinst auf und verlangte, daß ich die Erlaubnis für die Demonstration zurückziehe, die ich vorher im Namen des Moskauer Exekutivkomitees erteilt hatte. Wie konnte man da *nicht* an die Sache unter dem stalinschen Kreml denken, als die Untersuchungsrichter Berijas – um mit Andersdenkenden abzurechnen – Straffälle konstruierten, von ihren schuldlosen Opfern unter Foltern »ehrliche Geständnisse« erpreßten und sie dann vernichteten?

So oder so, seit dem Herbst 1990 rutschte der Präsident, von den zukünftigen Putschisten umringt, rasch nach rechts und versuchte dabei, das ganze Land hinter sich und seine Vertrauten zu bekommen. Deswegen wurde eine lautstarke

Offensive gegen die neuen Unternehmer gestartet, die es auf sich nehmen wollten, das Volk zu ernähren und zu bekleiden. Die Eiferer aus dem der KPdSU unterstellten KGB und dem Innenministerium (alles durch die Verschwörung bekannt gewordene Gestalten) fingen mit unerwarteter Energie und Wendigkeit an, zu versiegeln, zu durchsuchen, zu beschlagnahmen, zu zerstören, mit einem Wort: festzuhalten und nicht laufenzulassen. Die Angelegenheit wurde vollends absurd, als ein bekannter und erfolgreicher Unternehmer von der ganzen Präsidentenrotte gejagt wurde wegen seiner Vermutung, der Präsident beabsichtige, etliche der bekannten Inseln an Japan zu verkaufen (darüber müßte man meiner Meinung nach angesichts unserer prekären Lage einmal nachdenken). Der Präsident war erbost, vergaß seine Stellung und die seines Widersachers – daß sie sozusagen verschiedenen Gewichtsklassen angehörten – und ließ sich zu einem geschmacklosen Streit herab in der Bemühung, alle Hinterlist der jetzigen demokratischen Unternehmer dem ganzen Volk vorzuführen. Das war kein Meinungsstreit und kein Zusammenstoß von Ansichten; das waren entschlossene Aktionen der obersten Führer, die die Reform begraben wollten und die ökonomisch Andersdenkenden angriffen.

Betrogen war B. Jelzin, der den Versprechungen des Präsidenten von der Möglichkeit der Zusammenarbeit im Interesse der Rettung des Landes durch das Programm der ökonomischen Wiedergeburt und des Überganges zum Markt »500 Tage« geglaubt hatte. Die Verschwörer übergossen alle und alles mit Schmutz, nahmen dabei konkrete Angelegenheiten in Angriff und begannen, den Weg zum Monat August vorzubereiten, in dem der Putsch erfolgen sollte.

16. Der Präsident gerät in Gefangenschaft

Man versuchte, das Volk an die Truppeneinheiten in den Straßen der Städte zu gewöhnen. Man veröffentlichte Erlasse und Befehle über die sogenannte gemeinsame Patrouillierung durch Militär und Miliz in den größeren Städten, wo im Wahlkampf die Demokraten gesiegt hatten. Zwischen dem Innenministerium der UdSSR einerseits und dem Moskauer Stadtsowjet und dem Moskauer Exekutivkomitee andererseits brach ein Rechtsstreit aus: durch den Beschluß des Präsidenten wurde die Miliz aus unserem Verfügungsbereich herausgenommen, mit der Miliz der Umgebung vereinigt und dem Innenministerium der UdSSR übergeben, das immer vor dem ZK der KPdSU strammgestanden hatte.

Ministerpräsident Pawlow brachte die Stimmung im Volk langsam, aber sicher zum Siedepunkt mit seinem Banknotenumtausch und der drastischen Erhöhung der Steuern und Zollgebühren.

Auf direkte Forderung M. Gorbatschows wurde am achtundzwanzigsten März in Moskau faktisch der Belagerungszustand verhängt. Ich erinnere mich sehr oft an diesen Tag. Das war damals kein Zusammenstoß zwischen dem Militär und den Moskauern. Das war ein Zusammenstoß zwischen unserer jungen Demokratie und dem Erzkonservatismus, dem Sklaven und Träger der verfluchten kommunistischen Vergangenheit. Trotz der Bereitstellung der Truppen, die eine direkte Provokation war, wollten die Demokraten nicht auf ihre Prinzipien verzichten und setzten ihre Demonstration friedlich fort. Die Reaktion erdreistete sich damals nicht, wie in den baltischen Ländern, Waffen zu gebrauchen.

Das Geschwür platzte nicht auf, nur ein Schwanken des Gleichgewichts trat ein, das nicht lange dauern konnte.

Das letzte Klingelzeichen ertönte in der Sommersitzung des Obersten Sowjets der UdSSR. Die Verschwörer Krjutschkow, Jasow, Pugo spielten die Ouverture, indem sie einen roten Lappen zum Zeichen der Gefahr einer Verschwörung (die gar nicht existierte) schwangen, und aus dem Mund Pawlows fiel das Wort »Tschreswytschaika«, d.h. Ausnahmezustand, Sondervollmacht. Der Vorsitzende des Obersten Sowjets, Lukjanow, verbrüderte sich mit dem Deputiertenblock »Sojus«, der die Kommunisten-Fundamentalisten vereinigte und bis zur Höchstgrenze provokativ wurde.

Der Putsch stand uns bevor.

Wir alle ahnten das ja, schon lange drohten uns die Abenteurer aus der KPdSU und aus dem »Sojus« (was fast dasselbe ist) mit Sonderkomitees, und trotzdem kam der neunzehnte August wie ein Sturm aus heiterem Himmel für uns.

War der Himmel auch für den Präsidenten des Landes klar?

Wir erinnern uns an die Gesichter der Verschwörer auf der Pressekonferenz, die am Abend des neunzehnten im Fernsehen gezeigt wurde, und an die Worte des Vizepräsidenten Janajew: »Wir werden noch mit unserem gemeinsamen Freund, dem Präsidenten, zusammenarbeiten.«

Es gab unter ihnen keinen Führer, keine mehr oder weniger ansprechende Gestalt, und ohne die wird jeder Putsch ein Mißerfolg. Und der gewandte »Apparatschik« A. Lukjanow, der außerhalb des Geschehens blieb, was von ihm auch gesprochen wird, taugte nur dazu, die Marionetten an Fäden zu bewegen und die Janajewsche »Gewaltenteilung« zwischen der gesetzgebenden und der exekutiven Macht zu demonstrieren. So und nur so: Die Putschisten blieben ohne den, der sie ein Jahr lang betreut hatte.

Was hinderte denn die »Gruppe von Genossen« auf dem von ihnen beabsichtigten Finale der Demokratie am Start des Terrors? Wurde für die Verschwörer der Präsident unliebsam, dieser stets Schwankende, Lavierende und nach dem »Möglichen« Suchende? Oder wurde er selbst wieder sehend und schreckte vor der gähnenden Untiefe zurück?

Fragen, Fragen, Fragen ...

Und eine Tatsache ohne Fragen – die Brücken wurden verbrannt. Am einundzwanzigsten August, nach dem Zusammenbruch, stürzten die Verschwörer nicht nach China und nicht nach Kuba, sondern auf die gemütliche Krim, wo, wie jetzt von vielen erzählt wird, der gestürzte und »kränkliche« Präsident unter strenger Aufsicht vor dem Fernsehapparat saß, der seltsamerweise von einigen sachkundigen Bewachern mittels einer »Blindsicherung« eingeschaltet war.

Und wieder eine Frage. Wozu kamen denn diese Kampfgefährten: um Entschuldigung zu bitten, Frieden zu schließen oder vor etwas zu warnen?

Und die Fakten ohne Frage: Nach seiner Rückkehr von der Krim, als der Putsch bereits vorbei war, beschwor der Präsident in seiner ersten Pressekonferenz rasch seine Treue zu den kommunistischen Idealen und ernannte Moisejew interimistisch zum Stellvertretenden Verteidigungsminister, der in die Truppen verschlüsselte Telegramme schickte, daß kompromittierendes Material in Bezug auf die Verschwörer vernichtet werden solle. Der interimistische Stellvertreter behielt den Posten nur einige Stunden.

Eine weitere zweifelsfreie Tatsache: Bei den Begegnungen mit dem Präsidenten in diesen Tagen sah und fühlte ich eine kolossale Veränderung an ihm: Seine Augen lagen tiefer. Man könnte glauben, wurde erzählt, daß ein anderer Präsident in ein anderes Land zurückkehrte. Ein Land, das er zum ersten Mal richtig erkannte.

Das Land ist tatsächlich anders geworden.

Man möchte so gerne glauben, daß auch der Präsident anders geworden war, alles verstand und alles lernte.

17. Die Putschisten schlafen

Wir sind am Kulminationspunkt der Nacht vom zwanzigsten zum einundzwanzigsten August angekommen, die mit einer schrecklichen blutigen Lösung hätte enden können.

Es ist sehr schwer, von diesen schier endlosen Stunden zu erzählen. Sogar diejenigen, die sich nicht aktiv am Widerstand beteiligten, die zu Hause waren, verbrachten die Nacht schlaflos und hörten freie Rundfunkstationen.

Das Gewehr, das im ersten Akt der Tragödie von den Putschisten an die Wand gehängt worden war (fast nach unserem großen Schriftsteller und Dramatiker A. Tschechow) mußte endlich schießen. »Gewehre« waren viele vorbereitet, wir erhielten Informationen, daß sogar Raketenwerfer zum Schlag gegen das »Weiße Haus« eingesetzt würden. Nicht sosehr durch die Barrikaden, die ja mit militärischer Spezialtechnik ohne weiteres weggefegt werden konnten, als durch die Menschen war das Haus geschützt, das zum Mittelpunkt Rußlands geworden war. Als Hauptsperre stand das Volk vor den Truppen.

Die Junta gab den Befehl, die letzten Vorbereitungen zum Sturm auf das »Weiße Haus« zu treffen. Die Zeit wurde auf drei Uhr nachts angesetzt. Die Hauptaufgabe wurde den Luftlandetruppen und der »Alpha«-Gruppe des KGB, die offiziell zur Bekämpfung des Terrorismus bestimmt war, zugewiesen.

Es ist uns schon bekannt, wie sich in jener Nacht die Junta aufführte, und ich will von den Regeln des Detektivgenres abweichen und dem Geschehen etwas vorgreifen. Man male sich nicht Bilder aus, die der Tragik des Augenblicks entsprechen würden: Die Verschwörer sitzen in einem Sonderbunker, die Generale geben nacheinander Bericht. Und schon legt sich eine Hand auf die Taste »Start« ... Nichts derartiges hat es gegeben!

Die Führer der Verschwörung gingen in ihre Datschas und Wohnungen. Aber ich bin sicher, in jener Nacht wurden sie nicht von tiefem und gesundem Schlaf besucht. Ihr Schlaf war vielmehr ein politischer: keiner von ihnen war kühn genug, um die endgültige Entscheidung zu treffen und das letzte Wort zu sprechen. Das kam, denke ich, aus ihrer Niederträchtigkeit und Charakterlosigkeit, die sie sich durch Jahre und Jahrzehnte des Lavierens und der Heuchelei in den Korridoren der Parteimacht anerzogen haben. Mit der Henkerspflicht, den Abzug zu drücken, wollten sie die Militärs, die in die Falle geraten waren, betrauen und dadurch sich selbst außer Gefahr bringen. Würde das Militär den Befehl erfüllen und den vorbereiteten Sturm beginnen, so fiele die Verantwortung für die Opfer dem Militär zu. Das Tribunal würde dann schnell die Sündenböcke finden. Handelten sie aber dem Willen der Verschwörer zuwider, würden sie vor der Junta als Verräter dastehen. Die Offiziere versuchten, das Sonderkomitee, das sich versteckt hielt, ausfindig zu machen. »Sie schlafen, sie schlafen, sie schlafen«, wurde ihnen in den Wohnungen und Datschas geantwortet. Es wurde befohlen, bis drei Uhr nicht zu wecken. Die Wanzen verkrochen sich in ihren Löchern. Die sowjetischen Bürokraten, die sich vor der Verantwortung wie vor dem Feuer fürchteten, waren auch diesmal der Situation gewachsen. Sogar die Kommandeure, die treu zur Junta standen, faßten sich an den Kopf, als sie verstanden, mit wem sie es zu tun hatten.

Das Schicksal des Putsches, das schon früher fast besiegelt gewesen war (bereits am neunzehnten und zwanzigsten August verweigerten viele Generale und Offiziere, sogar Truppenteile der Junta den Dienst und den Gehorsam), war gegen vier Uhr nachts unwiderruflich entschieden: Die Verschwörung war gescheitert. Jetzt schlossen sich Generalen wie Schaposchnikow, Gratschew, Lebedj, die sich von Anfang an dazu entschieden hatten, die Waffen nicht gegen das Volk, die gesetzliche Macht, zu erheben, auch andere Generale an.

Ich erinnere daran, daß kurz vor dem Putsch Jelzin in Tula war und die Luftlandedivision besuchte, die dort einquartiert war. Ihm wurde fest zugesagt, gegen das Volk würde nicht gekämpft, als wäre das in der Vorahnung geschehen, daß gerade dieser Division die Junta den Befehl geben würde zu stürmen. Die Division hat den Befehl nicht ausgeführt. Entgegen dem Befehl der Putschisten ließen die Piloten ihre Flugzeuge und Hubschrauber nicht starten. Die »Alpha«-Gruppe des KGB erhielt auch keinen Befehl zum Sturm.

Als die Panzer am neunzehnten August vor dem »Weißen Haus« zusammengezogen waren, ging Jelzin auf den Platz und fragte einen Soldaten der Panzerbesatzung: »Bist du gekommen, um auf Jelzin zu schießen?« Der Junge antwortete: »Was Sie nur sagen! Nie und nimmer!« Nichtsdestoweniger gab es Opfer. In der Nacht zum einundzwanzigsten August starben drei junge Moskauer auf der Straße, und fünf Menschen wurden verletzt, unter anderem auch durch Schußwunden.

Unser Deputiertenstab mit Scharykin an der Spitze berichtete laufend über die Truppen und deren völlige Unfähigkeit, in einer Großstadt zu handeln (die technische Ausrüstung der Besatzungen und das Verbindungswesen beim Militär waren miserabel). Die Truppenteile, die sich weigerten, die Waffen auf das Volk zu richten, wurden bald zurückgezogen.

Vor dem Putsch kannte ich die führenden Offiziere Eugenij Schaposchnikow, Pawel Gratschew und andere, die jetzt berühmt sind, nicht. Wir lernten uns erst in den letzten Tagen des August kennen, und ich bin überzeugt davon, wenn wir in der Armee Menschen von solch hoher Offiziersehre, hervorragendem Intellekt, militärischem Talent und klarem Pflichtbewußtsein haben, so wird sie bald ihre Wiedergeburt erleben. Zu den obengenannten Offizieren möchte ich noch den Namen Wladimir Toporkow hinzufügen, der gleich nach dem Putsch zum Moskauer Wehrkreisbefehlshaber ernannt wurde.

Viele von ihnen waren in Afghanistan und dienten dort zusammen mit Alexander Ruzkoj, dem Vizepräsidenten Rußlands (er war einer der maßgeblichen Organisatoren der Verteidigung des »Weißen Hauses«), und stellten – als besonders zuverlässige Verbindungsmänner – in den ersten

Stunden des Putsches telefonische Kontakte mit der Leitung Rußlands her.

Im »Weißen Haus« befand sich zusammen mit anderen Leitern Rußlands Jurij Skokow, der Erste Stellvertreter des russischen Ministerpräsidenten und später einer der Initiatoren der Vereinigung »Guant«, die im militärisch industriellen Komplex mitwirkte. Er hatte eine Überfülle an Aufgaben und Sorgen, aber am Ende des zwanzigsten August stellte er sich fast vollkommen auf die Arbeit mit der Armee um. Er nämlich löste mit General Pawel Gratschew telefonisch und durch Verbindungsleute alle Aufgaben der Zusammenarbeit.

18. Die längste Nacht meines Lebens

Aus dem »Weißen Haus« unterhielt ich die ganze Nacht eine ständige Verbindung mit dem Rathaus, in dem sich Alexander Musykantskij befand. Auf unsere Hinweise hin wurde die Kalininbrücke mit schweren Maschinen blockiert, um die Bewegung der Division zu verhindern. Auf dem Tuschinskij-Flugplatz, der innerhalb der Stadtgrenze Moskaus liegt, wurde mit Lastwagen das Rollfeld vor dem zentralen Flughafengebäude blockiert. Ich hatte den Leiter des »Moswodokanal«-Konzerns, Stanislaw Chramenkow, aus dem Bett telefoniert, weil ich mich erinnert hatte, daß vor einigen Jahren im Stadtbezirk Perowo wegen eines großen Rohrbruchs eine Straße mit schweren Lkws blockiert werden mußte, um den Verkehr zu unterbinden. Jetzt wurden die schweren Maschinen gegen die Panzer eingesetzt. Der Bürgermeister des nordöstlichen Verwaltungskreises, Wladimir Sister, rief an und teilte mit, die Menschen seien zusammengekommen und die Maschinen vorhanden. Außerdem fragte er, wo die Bauarbeiter und die Maschinen eingesetzt werden sollten.

Die Arbeiter der Speisehallen, Restaurants und der Imbißstuben, die sonst ständig gerügt wurden, begannen jetzt, ohne irgendwelche Befehle, die Barrikadenverteidiger zu verpflegen. Die Kooperativ-Cafés standen nicht nach, und Frauen brachten Essen von zu Hause.

Diese Nacht wird dem diensthabenden Mitarbeiter der Stadtverwaltung Wjatscheslaw Gawrilow lange in Erinnerung bleiben. Er war früher beim Militär und hat alle Befehle exakt weitergeleitet. Wie A. Musykantskij später erzählte, erblickte er gegen ein Uhr nachts die Schützenpanzerwagen, die aus der Stoleschnikow Gasse gegenüber dem Rathaus herausbrachen. Er dachte, der Sturm habe begonnen, aber er blieb ruhig, sein Denkvermögen versagte nicht, die Stimme blieb wie immer leise, die Rede gelassen. Alle, die in diesen Tagen mit ihm zusammen waren, sahen keine Spur von Schrecken in seinem Gesicht. Die Schützenpanzerwagen preschten am Rathaus vorbei und tauchten in der Dunkelheit unter.

Rathaus und »Weißes Haus«, eine eingespielte Mannschaft, widerstanden zusammen der Junta und hatten dadurch, dessen bin ich sicher, den Höhepunkt ihres intellektuellen und organisatorischen Potentials erreicht.

Die dumpfe Luft im düsteren Keller des »Weißen Hauses«, wo wir uns befanden, wurde immer drückender in dem Maße, wie die Zeit näher an drei Uhr nachts heranrückte. Doch die Arbeit nahm ihren Lauf, und die Stunden flogen so schnell dahin wie am Tag. Wir packten das mitgebrachte Essen aus, Tee wurde gekocht. Ab und zu blickten wir aufs Zifferblatt: zwei Uhr fünfzig, drei Uhr, drei Uhr fünfzehn, drei Uhr dreißig. Wir gaben etwas Zeit zu wegen der Unorganisiertheit des Militärs, wo doch gewöhnlich alles nach Minuten berechnet wird, und dann verstanden wir: Dort war etwas schiefgelaufen.

Seltsam, aber in jenen Stunden, als wir zu dritt waren, Boris Jelzin, Gawriil Popow und ich, sprachen wir nicht über die drohende Gefahr, sondern hielten eine ganz gewöhnliche Unterredung wie zu Friedenszeiten (wir zogen sogar die Sakkos aus), die nur durch kurze Lagemeldungen und Anordnungen unterbrochen wurde. In aller Ruhe berieten wir die neuen Grundsätze der Verwaltung der Stadt, ihren Status, die Tätigkeit des Baudezernats, den Zustand der Lebensmittelversorgung, die Errichtung einer Wohnsiedlung im Brjansker Gebiet für die Familien, die durch die Explosion im Atomkraftwerk Tschernobyl in Mitleidenschaft gezogen worden waren; wir machten auch eine Analyse der Tätigkeit des Stadtkomitees der KPdSU (ein Genosse erzählte mir später, daß er sich am neunzehnten August im Stadtkomitee mit Prokofjew unterhalten habe, der die Wirtschaftsleiter zu sich beordert hatte. Nach einem plötzlichen Telefonanruf habe der Erste Sekretär schnell das Gespräch unterbrochen und sich zu einer Sitzung des Sonderkomitees begeben).

Langsam ging diese Nacht vom zwanzigsten auf den einundzwanzigsten August zu Ende. In dichtem Nebel begann widerstrebend der Morgen zu dämmern, unsicher, ob das Licht über die Dunkelheit wirklich siegen würde.

Wir setzten zu dritt unser Gespräch fort, das noch vor der Stunde X begonnen hatte. Diese Stunde ist nun in der ganzen Welt bekannt: um drei Uhr nachts war der Sturm auf das »Weiße Haus« angesetzt. Die Frist verging, und es wurde klar, daß alle Stunden X nun verstrichen waren, doch unsere Unterredung ging weiter und weiter. Allerdings gab es keinen obligaten Jubel. Vieles von unseren Geschicken geht in der Alltäglichkeit unter, ohne Trommeln und Fanfaren.

19. Jelzin – Symbol des Triumphes

Erst die Geschichte wird Boris Jelzin, der zum Symbol des Triumphes der Demokratie im August 1991 geworden ist, und die Hauptstadt Rußlands – Moskau, das den Putsch mutig durchgehalten hat – gebührend würdigen. Unabhängig davon, welche Wege die Völker und Republiken der UdSSR gehen werden, obwohl sie auf der Landkarte noch rot gefärbt sind, vermachte der August allen das gute Andenken an den Präsidenten und an die Hauptstadt Rußlands. Sie haben den ersten Schlag zurückgewiesen und unser Land und die ganze Welt vor den kommunistischen Putschisten gerettet. Fast vor fünfzig Jahren wurde der Faschismus Hitlerdeutschlands vor den Mauern Moskaus aufgehalten, heute wurde der Faschismus in der Hauptstadt selbst zerschlagen.

Boris Jelzin ist ein Mann von Format; er hat es nicht gern, über seine Anhänger zu sprechen, und meiner Meinung nach braucht er keine Anerkennung seiner Verdienste. Diese Anerkennung brauchen auch die Moskauer nicht. Ohne unnötige Worte zu sprechen, haben sie in diesem Kampf gegen die Junta ihr Leben aufs Spiel gesetzt – und gesiegt. Die Moskauer haben ihr Bekenntnis zu den Ideen der Demokratie nicht bei den Wahlen, Demonstrationen und Kundgebungen, sondern auf den Barrikaden bewiesen.

In der Nacht vom zwanzigsten auf den einundzwanzigsten August kamen drei junge Moskauer im Tunnel unter dem »Neuen Arbat« ums Leben, fünf Menschen wurden verwundet (wie schon berichtet). Man sagt, daß der Tod sein Opfer nicht wählt, aber es besteht eine schreckliche Symbolik darin, daß von den Getöteten der erste Arbeiter, der zweite Unternehmer und der dritte Architekt von Beruf war. Alle Moskauer haben das »Weiße Haus« verteidigt.

Von den ersten Stunden des Putsches an, am Morgen des neunzehnten August, als ich zu Boris Jelzin aufs Land gekommen war, bis zur letzten Nacht, war der Präsident Rußlands davon überzeugt, daß die Hauptstadt ihn nicht verraten würde und daß Moskau und Rußland unzertrennbar seien. Wir haben einander nichts versprochen und verstanden uns ohne Worte. Sie waren damals nicht am Platze.

Nur einige Jahre verbinden Boris Jelzin mit Moskau, und trotzdem ist es ihm gelungen, ein Moskauer zu werden, im Unterschied zu den meisten Partei- und Wirtschaftsbeamten der Breschnew- und sogar der Gorbatschow-Ära, die nach Moskau kamen, um zu regieren, aber sie liebten und verstanden Moskau nicht; sie machten den Moskauern Vorwürfe wegen irgendwelcher Privilegien. Boris Jelzin hat diese für ihn neue Stadt sofort herzlich geliebt.

Wegen seiner Entschlossenheit beim Wechsel des Kaderbestandes im Stadtkomitee der KPdSU und im Vollzugskomitee des Moskauer Stadtsowjets wurde Jelzin zuerst insgeheim getadelt, bis die Parteifunktionäre den verhaßten »Parteigenossen« aus dem Moskauer Stadtkomitee der KPdSU hinauswarfen, wo er als der Erste Sekretär anderthalb Jahre tätig gewesen war. Nachdem er verjagt worden war, hat man ihn öffentlich und überall getadelt. Aber seine Entschlossenheit war nicht auf seine Kälte den Menschen gegenüber zurückzuführen, wie es seine Gegner zu beweisen versuchten. Die Ursache bestand in seinem irrealen Wunsch, alles möglichst schnell zu verändern und zu verbessern. Er ist geschäftstüchtig, und seine nächste Umgebung besteht aus Fachleuten. Früher war ich Leiter der technischen Abteilung in einem Ministerium, Boris Jelzin bot mir an, im Vollzugskomitee des Moskauer Sowjets zu arbeiten, wo ich Erster Stellvertretender Vorsitzender wurde.

Anderthalb Jahre – das ist keine lange Frist, um sich in einer so großen Stadt wie Moskau zu bewähren, weil es in Moskau zu viele Probleme gibt, die in kleineren Städten nicht so kraß sind. Trotzdem hat Boris Jelzin es weit gebracht. Er wurde verfolgt, weil er gegen die wechselseitige Bürgschaft im Parteiapparat und gegen die führenden Persönlichkeiten der KPdSU auftrat. Diese Verfolgungen sind noch heute im Gedächtnis vieler Menschen lebendig. Die

Trennung von der Stadt, die er schon liebte, war für ihn schmerzhaft.

Am siebten November 1988 begegnete ich Jelzin auf dem Roten Platz bei der Truppenparade und der offiziellen Demonstration anläßlich der Oktoberrevolution. Während der Feiertage wird neben dem Lenin-Mausoleum ein Holzpodium errichtet, das mit einem Teppich belegt wird. Hier stehen diejenigen, die nicht so hohe Posten in der Leitung des Landes und der KPdSU bekleiden, im Vergleich zu denen, die auf der Tribüne stehen. Boris Jelzin stand auf diesem Podium in völliger Einsamkeit. Er wurde seines hohen Postens enthoben und zum Leiter einer Bauvereinigung ernannt, deshalb gehörte ein Mann von solchem Rang nicht in die »High Society«. Ich habe gewagt, die bürokratische Etikette zu verletzen, indem ich auf ihn zuging. Wir haben zwei Stunden miteinander gesprochen.

Er interessierte sich für die Lage in Moskau und ging dabei auf alle Einzelheiten ein. Als er erfuhr, daß die Moskauer jetzt nicht mehr verpflichtet seien, in den Gemüselagern zu arbeiten, das heißt sortieren, packen, verladen, bat er mich, darüber mehr zu erzählen, weil dieser Prozeß der Befreiung noch bei ihm angefangen hatte. »Wenn es klappt, was Sie geplant haben, werde ich mich freuen, als ob ich mit Ihnen zusammengearbeitet hätte ...«

Dasselbe aufrichtige, tiefe Interesse für Moskau haben Popow, Jelzin und ich in jener denkwürdigen Nacht im »Weißen Haus« gespürt. Und wenn ich heute, da die Gefahr vorbei ist, zu Jelzin in Dienstangelegenheiten komme, sehe ich immer, daß er alle unsere Sorgen versteht und sich bemüht, uns zu helfen ...

Der Morgen des einundzwanzigsten August, der erste Tag des Sieges und der letzte Tag des Putsches, brach an. Zusammen mit meiner Frau und zwei Wachsoldaten gingen wir zum Zoo, wo unser Auto stand. Die Leute auf den Straßen fühlten sich nach der zweiten schlaflosen Nacht müde, trotzdem blieben sie auf den Barrikaden. Sie gaben einander Tüten mit Lebensmitteln und Thermosflaschen.

Die Spannung ließ nach, und alle – auch ich – waren davon überzeugt, daß das Schwerste schon vorbei sei.

Nach Hause kamen wir ohne besondere Vorkommnisse. Ich ließ meine Frau dort und bat sie, die Tür nicht aufzumachen. Ich selbst ging ins Rathaus, das ich vor zehn Stunden verlassen hatte, sehr ereignisreichen Stunden.

So ging die längste Nacht meines Lebens zu Ende.

Am einundzwanzigsten August kamen um acht Uhr morgens bei mir A. Musykantskij, V. Schachnovskij, E. Savostjanow, J. Scharykin und andere zusammen. Wir stellten einen Arbeitsplan für diesen Tag auf. Die Truppen sollen zurückgezogen werden – so lautete der Schwerpunkt unseres Planes. Gegen Abend war über Moskau ein Regenbogen zu sehen, der von allen als Wahrzeichen des Sieges aufgenommen wurde.

20. Die Panzer verlassen Moskau

Am einundzwanzigsten August um zehn Uhr nahm die Beratungsrunde in der Stadtverwaltung ihre Arbeit auf. Sie wurde mit folgenden Worten eröffnet, ich zitiere das Stenogramm:

Wir kamen zusammen, um das Problem des unverzüglichen Abzugs der Truppen aus Moskau zu lösen ...

Anwesend waren der Stabschef des Moskauer Militärbezirkes, Generalleutnant L. Zolotow, und Generaloberst V. Kusnezow, der Leiter der Pioniertruppen des Ministeriums für Verteidigung. Kurz vor der Beratung führten wir Telefongespräche mit Verteidigungsminister Jasow und dem Chef des Komitees für Staatssicherheit, Krjutschkow, aber davon erzähle ich später.

Wir mußten bis gegen Mittag die Truppen aus der Stadt zurückgezogen haben. Es war sehr gefährlich, die Truppen am Abend und besonders in der Nacht in der Stadt stehen zu lassen. Wir hatten Angst, daß jemand aus der in den letzten Zügen liegenden Junta Gedanken der Vergeltung bekommen und von den Truppen, die noch auf den Straßen waren, Gebrauch machen könnte. Ein solcher Versuch würde wohl kaum von Erfolg gekrönt sein, das war selbstverständlich, aber es könnte doch Blut vergossen werden. Denjenigen, die nichts mehr zu verlieren haben, kann man alles zutrauen.

Jetzt nehme ich wieder das Stenogramm zu Hilfe:

L. Zolotow: Morgen früh muß der letzte Soldat und der letzte Panzer die Stadt verlassen. Warum am Morgen? Am Tage erfolgt der Abzug der Truppen auch, aber hauptsächlich werden die Truppen in der Nacht zurückgezogen, wenn Sie nichts dagegen haben. Wenn Sie erlauben, die Truppen planmäßig auch am Tage mit den entsprechenden Sicherheitsmaßnahmen zurückzuziehen, so erfolgt der Abzug schneller. Es sind nur wenige Truppen in der Stadt geblieben. Ich kann Sie von jeder Kompanie benachrichtigen ... Es sind zwanzig bis zweiundzwanzig Militäreinheiten in den einzelnen Orten geblieben. Marschweg der Truppen: Profsojuznaja-Straße, Lenin-Prospekt, Minsker und dann Kiewer Chaussee ...

Der General zeigte mit dem Finger auf die Karte, die er mitgebracht hatte, und ich war empört: Das ist eine Lüge, für den Abzug von etwa zwanzig Panzern braucht man keine vierundzwanzig Stunden.

L. Zolotow: Wenn es am Tage erforderlich wird, den Verkehr zu stoppen, was werden Sie tun?

Wir werden den Verkehr stoppen, antwortete ich.

L. Zolotow: Jetzt ist es wichtig zu präzisieren, wer wohin geht ... Dann, wenn hier alles konzentriert wird, er zeigte auf die Karte, haben wir keine Probleme. Dann gewährleistet man uns den Abmarsch zur Minsker Chaussee, und die Tamaner- und Kantemirovdivisionen verlassen die Stadt.

A. Musykantskij: Was heißt dann?

L. Zolotow: Nach zwanzig Uhr.

Diesen Plan können wir nicht annehmen, erwiderte ich. Wir werden Ihnen eine bestimmte Anzahl Autos der Staatlichen Kraftfahrzeuginspektion zwecks Begleitung zur Verfügung stellen.

L. Zolotow: Jetzt ist es dreißig Minuten nach zehn. Geht das dreißig Minuten nach elf?

Ich rufe die Leiter der Staatlichen Kraftfahrzeuginspektion an und verabrede mit ihnen fünfundvierzig Autos für die Begleitung. Die Zahl der Autos entspricht der Zahl der Panzereinheiten, die in der Stadt sind.

L. Zolotow: Um zwölf Uhr dreißig fangen wir an. Um dreizehn Uhr dreißig beginnen wir den unmittelbaren Abzug der Truppen ...

Und um sechzehn Uhr sollen die Truppen die Stadt räumen, sagte ich. Gibt es noch Fragen?

A. Musykantskij: Den Soldaten muß man am Standort zu essen geben.

Zusammen mit den Truppen sollen auch die Kommandanten der Präfekturen die Stadt verlassen, fügte ich hinzu.

V. Schachnovskij: Es ist notwendig, die Ausgabe der Passierscheine zu verbieten. Das Verhängen der Ausgangssperre ist gesetzwidrig, genau wie der Ausnahmezustand.

L. Zolotow: Das werden wir mit Vergnügen tun.

Ich wandte mich an Kusnezow: Ich habe mit Jasow verabredet, daß Sie Ihre Maschinen einsetzen, um alle Barrikaden, die für den Kampf gegen die »eigenen« errichtet worden waren, zu beseitigen.

V. Kusnezow: Zur Zeit habe ich in Moskau fünf Baumaschinen für die Demontage der Barrikaden. Die Zahl der Kranwagen ist gering, nur sechs. Man muß zusammenarbeiten. Dort ist die Situation unklar. Sie ist nur uns klar ...

»Dort«, das hieß auf den Barrikaden, die von den kämpfenden Menschen verteidigt wurden. Es kam vor, daß die Verteidiger den Soldaten nicht erlaubten, die Barrikaden anzurühren. Auch nachdem die Truppen gegen sechzehn Uhr die Stadt geräumt hatten, glaubten viele nicht, daß man »Entwarnung« geben könne – die Spannung der vergangenen Tage ließ nicht sofort nach.

Es war sehr interessant, diese zwei Generäle zu beobachten, deren Namen das Stenogramm für die Geschichte bewahrt. Sie benahmen sich anständig, sprachen sehr sachlich, aber man konnte trotzdem merken, daß sie sich für die Armee und für die Offiziere schämten, die in diese erniedrigende Sache verwickelt worden waren. Die Menschen, die ihr Leben der Erfüllung der militärischen Pflicht gewidmet hatten, die ehrlich ihren Militärdienst versahen, befanden sich jetzt in einer peinlichen Situation: auf der Anklagebank.

Wenn wir von diesem berüchtigten Komitee, der Ausgangssperre oder gesetzwidrigen Befehlen zu sprechen begannen, verstummten sie sofort und fühlten sich nicht recht wohl. Letzten Endes gaben sie zu, daß die Truppen möglichst schnell die Stadt verlassen sollten, weil ihre Anwesenheit eine Schande sei.

Nach Beendigung der Beratung, in der wir Einvernehmen erzielt hatten, rief uns der Befehlshaber des Moskauer Militärbezirkes, General Kalinin, an und sagte, daß unsere Berechnungen, was die Zeit betreffe, falsch seien und die Truppen erst in vierundzwanzig Stunden die Stadt räumen könnten.

Das Gespräch war hart, und bevor ich den Hörer auflegte, brachte ich meine letzten Argumente: Machen Sie sich nichts vor, was unsere Einstellung und Forderungen angeht. Falls um sechzehn Uhr noch Panzer in der Stadt sind, werden wir sie verbrennen ...

Ich weiß nicht, was auf ihn wirkte, vielleicht mein entschlossener Ton, oder er begriff endlich, daß der Kampf verloren war, gegen sechzehn Uhr jedenfalls haben die Truppen die Stadt geräumt.

Nach den Telefongesprächen mit Jasow und Krjutschkow kamen die Generäle ins Rathaus. Als ich Jasow anrief, nahm er den Hörer sofort ab, als ob er auf einen Anruf gewartet hätte, der sehr wichtig für ihn war.

Die Moskauer sind empört, daß die Truppen noch in der Stadt sind, sagte ich ihm. Wir können den Zorn der Jugend nicht zügeln. Sie ist bereit, den Kampf fortzusetzen. Ich wartete, daß er zornig würde, aber plötzlich hörte ich einen vertraulichen Ton, den ich ihm nie zugetraut hätte.

Sie haben recht, dieses Problem muß gelöst werden. Wir haben doch die Truppen hergebracht, um die Stadt vor Ausschreitungen und Raub zu verteidigen ...

Ich konnte mich nicht beherrschen: Vor welchen Ausschreitungen? Welche waren in der Stadt vor dem Einmarsch der Truppen? Wovon sprechen Sie? Sie wollten die Moskauer erschrecken und sie zwingen, sich dem Sonderkomitee unterzuordnen, das wir nicht anerkennen ...

Jasow hatte nichts dagegenzusetzen. Ja, es ist höchste Zeit, einen Beschluß zu fassen, sagte er. Ich schicke Ihnen zwei Generäle – Kalinin und Kusnezow. Wann möchten Sie sich mit ihnen treffen?

Sofort, antwortete ich.

Statt des Befehlshabers des Militärbezirks kam der Stabschef. Vielleicht konnte Kalinin, der sich während des Putschs kein einziges Mal in der Stadtverwaltung hatte sehen lassen, auch diesmal den Mut nicht aufbringen, zu uns zu kommen.

21. Flucht auf die Krim

Außer den Truppen des Verteidigungsministeriums befanden sich auch die Truppen des Komitees für Staatssicherheit in der Stadt, worüber wir von den Deputierten unterrichtet worden waren.

Nach dem erfolgreichen Telefongespräch mit Jasow nahm ich den Hörer ab, um Krjutschkow anzurufen. Aber dieses Gespräch war ganz anders. Ich setzte ihn von unserer Verabredung mit Jasow in Kenntnis und forderte den Abzug der Truppen der Staatssicherheit.

Krjutschkow begann sich zu drehen und zu wenden: Wir haben nichts und niemand in Moskau. Das ist nicht gut von Ihnen, daß Sie uns so was zuschreiben.

Ich begann, ihm die Truppen zu nennen, und er verstummte. Es war unmöglich, von ihm eine klare Antwort zu bekommen, das war allen bekannt. Er ist sehr verschlossen und schlau, tut aber so, als wäre er ein schlichter und aufrichtiger Mensch, dabei hat er einen scharfen analytischen Verstand.

Es ist unangenehm, mit solchen Menschen zusammenzuarbeiten, und ich bin froh, daß die Menschen, die einen Groll gegen ihn hegen, nicht in der Moskauer Stadtverwaltung arbeiten. Unter den Putschisten gibt es meiner Meinung nach drei Hauptorganisatoren: Krjutschkow war Organisator der praktischen Maßnahmen, der Erste Sekretär des Moskauer Stadtkomitees der KPdSU, Prokofjew, übernahm die ideologische Leitung, und der Vorsitzende des Obersten Sowjets der UdSSR, Lukjanow, gewährleistete die legislative Unterstützung.

Das Telefongespräch mit Krjutschkow ergab nichts: Ich bestand auf Abzug, er drehte und wendete sich und versprach, sich die nötigen Informationen zu beschaffen.

Das zweite Mal sprach ich mit ihm einige Zeit später. Er hatte es eilig und konnte mir nur sagen, daß er schon Befehle ausgegeben hätte und daß die Truppen die Stadt verlassen würden. In diesem Moment wußte ich noch nicht, daß auf ihn und seine Mittäter ein Flugzeug wartete, mit dem sie auf die Krim zum eingesperrten Präsidenten Gorbatschow fliegen mußten.

Es ist bemerkenswert, daß am letzten Tag des Putschs die Junta versuchte, den Präsidenten Rußlands, Boris Jelzin, in den Kurort Faros zu locken, wo sich Gorbatschow befand. Ich erfuhr davon aus einem Telefongespräch mit Jelzin.

Vielleicht muß ich dorthin fahren? fragte er mich.

Ich meine, daß Sie es nicht tun sollen, antwortete ich.

Boris Jelzin fuhr auf: Haben Sie sich alle abgesprochen?

Ich verstand, daß ich nicht allein gegen diese Fahrt war und Angst um sein Leben hatte. Später erfuhr ich, daß auch das ganze »Weiße Haus« gegen diese Idee gewesen war.

Das Weitere ist bekannt: Boris Jelzin blieb in Moskau, die Anführer der Verschwörung wurden verhaftet ...

Die letzten Barrikaden – das waren verbrannte Obusse, Baumaschinen, Betonplatten – wurden erst zum »Tag der Stadt« am einunddreißigsten August weggeräumt. Die Sperre auf dem Gartenring, wo drei unserer Jungen ums Leben gekommen waren, wurde neun Tage nach deren Tod weggeräumt. Die Verkehrsstockung, die wegen dieser letzten Barrikade entstanden war, und die Notwendigkeit, einen Umweg zu machen, wurden von niemand beschimpft, niemand wagte es, diese Barrikade zu demontieren. Am neunten Tag wurde hier rot asphaltiert, zum Zeichen des vergossenen Blutes.

Nichts auf der Welt wird so hoch geschätzt und so schwer erreicht wie die Freiheit.

22. ... die Niederlage ist immer eine Waise

Es ist eine alte Erfahrung: Der Sieg hat viele Eltern, aber die Niederlage ist immer eine Waise ...

Jeden Tag bekommt der Sieg der Demokratie neue Eltern, die immer lauter werden und den Mangel an Aktivität damals durch Aktivität heute ausgleichen wollen.

Schon am neunzehnten August, dem ersten Tag des Putschs, teilte die harte Wirklichkeit die Moskauer in drei ungleiche Schichten: Die erste Schicht begriff die Verschwörung sofort, traf ihre Wahl und blieb ihrer Entscheidung auch in den schwersten Minuten treu. Diese Menschen kämpften für den Sieg und haben gesiegt. Gegen sie kämpften die Putschisten und ihre Anhänger – die zweite Schicht – aber sie erlitten eine Niederlage. Besonders zahlreich war die dritte Schicht: Viele Moskauer beobachteten die Ereignisse teilnahmslos, indem sie weiter in den Tag hineinlebten und die Einzelheiten des Geschehens mit niemand besprachen. Einige, die Mitleid mit den Kämpfern auf den Barrikaden hatten, hörten die Sender der illegalen Rundfunkstationen »Echo Moskaus« und »Rundfunk Rußlands« und ausländischer Funkstationen. Bei diesen Moskauern konnte man Jugendliche und Alte, einfache und privilegierte Menschen sehen. Ich wage nicht, sie als »Sumpf« zu bezeichnen, nicht alle konnten sofort begreifen, was geschehen war. Aber genau aus dieser dritten Schicht traten neue »Sieger« und »Feinde« auf, deren Verfolgungen schon begannen.

Moskau, sogar das ganze Land, stand vor der Gefahr der Untersuchung: Verschiedene Kommissionen wurden gebildet, die Menschen wurden verhört, es wurden Beweise der Zeugen gesammelt, die nicht auf den Barrikaden gewesen waren, sondern in den Fluren und Rauchzimmern irgend etwas gehört hatten. Man sandte viele Briefe mit Anzeigen, es wurden auch mündliche Aussagen über die Untreue zur Demokratie gemacht. Irgendwelche Gauner rechneten mit ihren unmittelbaren und höheren Vorgesetzten ab, um deren Posten zu bekommen.

Wir mußten unbedingt diesen Prozeß der Lügen, Verleumdungen und Anzeigen und die daraus resultierende Angst stoppen. Wir wissen sehr gut, daß auf solche Weise der rote Terror ausbricht. Die Gesellschaft muß, um ihre moralische Gesundheit zu bewahren, lernen, diesem größten Übel so zu widerstehen, wie sie es gelernt hatte, den Panzern der Reaktion den Weg zu versperren.

Man muß Militär- und Milizangehörige sowie die Angestellten des Komitees für Staatssicherheit, die nicht unmittelbar an der Verschwörung teilgenommen hatten, in Schutz nehmen. Sie mußten Befehle ausführen und den Dienstvorschriften treu bleiben, aber sie haben ihre Seelen den Verschwörern nicht verkauft. Jeder von ihnen muß sich und seine Taten vor sich selbst verantworten. Wenn es uns nicht gelingt, unsere Gesellschaft wiederherzustellen und zu gegenseitigem Verständnis zu gelangen, entsteht die Gefahr, daß wir den Sieg der Demokraten den Hochstaplern von morgen oder übermorgen schenken, die sich die Schwierigkeiten, die heute noch bestehen, rücksichtslos zunutze machen. Es ist sehr wichtig, unser Rechtssystem zu sanieren und es in gesundem Zustand zu bewahren, weil dieses auch heute noch kranke System das Emporkommen solcher Henker wie Jagoda, Echow, Berija und Krjutschkow ermöglichte.

Auf Vorschlag des Moskauer Stadtparlaments sind zur Zeit die leitenden Positionen der Rechtsorgane mit Zivilisten besetzt. Das sind anständige, intellektuelle Menschen mit scharfem Verstand und weitem Horizont, »Kinder« der demokratischen Bewegung. Sie werden die Befehle nicht blind ausführen und nicht zulassen, daß der »Mensch mit Gewehr« in gesetzwidrige Spiele verwickelt wird. Selbst die Möglichkeit, solche Befehle zu erteilen, wird irreal, weil das ganze Rechtssystem des Landes, der Republiken einen Wandel erfährt.

Man sagt, wenn der Putsch nicht ausgebrochen wäre, müßte man ihn sich ausdenken. Aber nur diejenigen können solche »Witze« machen, die der Gefahr nicht ins Auge gesehen haben. Die junge Demokratie konnte zum ersten Mal in der tausendjährigen Geschichte Rußlands den Ansturm der Reaktion abwehren. Das Schicksal bewahrte unsere Heimat vor dem Grauen eines Bürgerkrieges, der hätte ausbrechen können. Das schmerzhafte Geschwür brach auf, ohne Weltblut zu vergießen, und das Land konnte frei aufatmen. Den wirtschaftlichen, politischen und sozialen Reformen wurde endlich der Weg geebnet (in Moskau begannen wir bereits, diese Reformen zu verwirklichen). Aber trotzdem entstand eine Gefahr. Sie ging von den falschen »Eltern des Sieges« aus, die bereit waren, den Sieg wegen augenblicklicher Vorteile zu zerstören.

Unumstößlich steht fest: Es gibt keine Gesellschaft, die sich ohne Widersprüche, Hindernisse und Differenzen entwickelt. Konflikte entstehen immer wieder, aber wir werden uns kein bißchen weiterentwickeln, wenn wir aus den eigenen Fehlern nicht lernen.

23. Man kann nicht auf Ruinen leben

Der August hat nicht nur der KPdSU, dem sowjetischen Militarismus und dem Rechtssystem, das die morsche Ordnung und ihre Führer vor dem Volk schützte, das Rückgrat gebrochen. Zusammen mit der Unionsregierung, die ihre »Elite« der Junta zur Verfügung gestellt hatte, war auch das wirtschaftliche Zentrum des riesigen Landes zusammengebrochen, das als Verwalter und Verteiler der Güter wirkte. Die

Ereignisse in Moskau wirkten sich auf das ganze Land aus. Praktisch alle Republiken, sogar diejenigen, die früher nicht so sicher und laut ihre Unabhängigkeit erklärt hatten, wollten jetzt selbständig werden. Das früher mächtige Reich stürzte vollends zusammen. Aber es ist gefährlich und unangenehm, auf Ruinen zu leben, um so mehr, wenn viele Menschen fliehen. Deshalb begannen die Flüchtlinge zurückzublicken und »hallo« zu rufen, in der Hoffnung, daß jemand neben ihnen sei und ihnen helfen werde.

Gleich nach dem Putsch wurde das provisorische Komitee für die operative Verwaltung der Volkswirtschaft der UdSSR gebildet (nach einem Monat wurde es durch ein wirtschaftliches Komitee zwischen den Republiken ersetzt). Der Beschluß über die Bildung des provisorischen Komitees wurde während der Beratung beim Präsidenten am vierundzwanzigsten August gefaßt (ich wurde zu einem der stellvertretenden Vorsitzenden des Komitees ernannt). Bald kamen die Veränderungen auch in dieses »Haus«. Die Komiteesitzungen wurden von den Vertretern der Republiken sehr gern besucht, niemand sprach hier von seiner Unabhängigkeit. Auch die Vertreter der baltischen Republiken, die noch vor kurzem unabhängige Staaten gebildet hatten, verhielten sich sachlich und sogar freundlich. Es ist unmöglich und seinem Volk gegenüber feindselig, die Ellenbogen zu gebrauchen, um aus dieser schweren wirtschaftlichen Krise herauszukommen.

Eine Gefahr, obwohl es unwahrscheinlich anmutet, kam von dort, woher niemand sie erwartete. Wir dürfen, wenn wir in einem Rechtsstaat leben wollen, Sverdlow-, Kalinin- und andere Denkmäler stürzen, obwohl viele von diesen Denkmälern keinen künstlerischen Wert haben. Aber es ist sehr gefährlich, die Reste der Zentralorgane der UdSSR zu »stürzen«, nur um sie durch etwas Ähnliches, heute aber unter der Flagge Rußlands, zu ersetzen. So etwas kann auch Rußland selbst schaden, und es würde zur bittersten Frucht des Sieges. Hinter uns stand das riesige Land, es steht auch heute, das dürfen wir nicht vergessen.

Es ist schicksalhafte Geschichte, daß die Russen viele Nachbarvölker vereinigt und einen gemeinsamen Staat gebildet haben, der im Ausland als Rußland bezeichnet wird. Auch heute, am Ende des zweiten Jahrtausends, hat die Geschichte Rußland auf den Plan gerufen, wie im Jahr 1812 und während des Zweiten Weltkrieges, als Rußland gegen Napoleon und eineinhalb Jahrhunderte später gegen die Faschisten auftrat. Rußland vernichtete den kommunistischen Putsch und befreite sich selbst und alle Völker des großen Landes. Nur ein Blinder wagt zu behaupten, daß die baltischen Republiken durch die Anerkennung ihrer Unabhängigkeit seitens der USA vor einem Einfall von Krjutschkow, Jasow und Lukjanow geschützt gewesen wären.

Mit dem Sieg im August endete die Geschichte der KPdSU, des russischen Reiches und seiner Nachfolgerin – der UdSSR. An dieser Wende, die von historischer Tragweite ist, führt Rußland wie immer das große Wort: Rußland ist bereit, sich von denen zu verabschieden, die ihren eigenen Weg gehen werden, und denen die Hand zu reichen, die einen gemeinsamen Weg mit ihm gehen wollen.

Viele Jahrhunderte spielte Rußland die Hauptrolle und wurde zum Symbol des großen Raumes von der Ostsee bis zum Pazifischen Ozean. Bleiben wir auch nach diesem August 1991 so großmütig, wie die Russen früher waren. Wir müssen nicht überall nur unseren Nutzen suchen und die russische Großmacht wiederherstellen, die heute als Demokratie existieren kann.

Der kommunistische Putsch und der darauf folgende Sturz der Unionsregierung, der Pawlow vorstand, welcher immer bereit war, nach der Pfeife des Pseudokomitees zu tanzen, zwangen Jelzin als Präsidenten Rußlands zum Äußersten: Er verfügte Erlasse, nach denen alle Unionsbehörden ihre Angelegenheiten nur unter Aufsicht der Behörden Rußlands ausführen konnten, und in manchen Fällen mußten sie sich sogar den republikanischen Behörden unterordnen. Gewiß war das richtig, sonst wäre es unmöglich gewesen, die Zügel der Regierung in der Hand zu behalten (nach seiner Rückkehr hat der Präsident der UdSSR diese Maßnahmen gebilligt). Aber lange konnte und sollte das nicht dauern. Bald darauf wurde folgender richtiger Schritt unternommen: Als die schwersten Tage vorüber waren, wurde ein provisorisches Komitee für die Verwaltung der Volkswirtschaft gebildet, dem der russische Präsident vorstand, später, wie schon berichtet, entstand ein Wirtschaftskomitee der einzelnen Republiken.

Mir scheint, zum ersten Mal in der Geschichte des russischen Staates und der UdSSR übernahm das Regierungszentrum die Hilfsmaßnahmen und das Gesetz des Handelns, anstatt wie früher zu verteilen und zu verwalten. Die russische Regierung hätte jedoch auf dieser Etappe bestimmen müssen, was ihr gehörte und was nicht und die Sondererlasse des russischen Präsidenten außer Kraft setzen müssen. Leider war dies nicht der Fall. Im Gegenteil, man traf teilweise lächerliche Entscheidungen. Man bildete zum Beispiel ein Amt der materiell-technischen Versorgung (das für alle sehr wichtig ist), kündigte fünf Stellvertretern des Unions-Wirtschaftsministers, und auf ihre Positionen wurden leitende Materialwirtschaftler der russischen GOSSNAB gesetzt. Selbstverständlich werden solche Unionsämter bald aufgelöst (das Zurücktreten der Unionsregierung bedeutet aber nicht die sofortige Auflösung der Ämter) und durch etwas Neues ersetzt. Aber den Ereignissen vorzugreifen und zu zerstören, statt etwas Neues zu schaffen, das ist nicht richtig.

Die anderen Republiken beobachten erstaunt und zurückhaltend die Neuerungen Rußlands.

Ohne Übertreibung kann man sagen, daß die Zukunft der Union davon abhängt, welche Lehre die junge Demokratie Rußlands aus den Ereignissen vom August ziehen wird. In unseren Gesprächen mit Jelzin konnten wir solche wichtigen Probleme nicht mit Stillschweigen übergehen. Er versteht alles genau, was von den Leuten aus seiner nächsten Umgebung leider nicht gesagt werden kann.

24. Wenn die Putschisten gesiegt hätten: ein Alptraum

Ich möchte einige Worte zu einem für mich selbst überraschenden Thema sagen, das in den Zeitungen mit demokratischen Traditionen auftaucht: Aus mir vollkommen unverständlichen Gründen (vielleicht kamen unterm Schrank hausbackene Analytiker hervor und begannen, sich und ihresgleichen freizusprechen) wird die gefährliche Verschwörung aller Machthabenden einschließlich Staatssicherheitsorganen, Ministerium für Innere Angelegenheiten, Verteidigungsministerium als harmlose Operette hingestellt. So, als ob die Truppen in die Stadt einmarschiert wären, um nur mal auf der Straße herumzustehen (wozu brauchte man dann die Munition?), und als ob die Putschisten »artige« Kinder gewesen wären, die nur mal »Krieg gespielt« hätten. Der Schwachsinn solcher Behauptungen führte dann zu der Schlußfolgerung, daß der Sieg den sowjetischen und ausländischen Rundfunkstimmen zugeschrieben wird, die einem schlauen Plan gemäß Hysterie in der Welt entzündet hätten, indem sie über die Truppenbewegung berichteten; und als Ergebnis wären die Putschisten – von Angst ergriffen – auseinandergelaufen.

Lüge ist Lüge, Lästerung ist Lästerung – unabhängig davon, was sie verursachte, ein Irrtum oder Böswilligkeit. Operettenbarrikaden, Operettenpanzer und davor Schauspieler ...? Und Operettenbühne-Tunnel unter dem »Neuen Arbat«, wo in der tragischen Nacht Blut vergossen wurde?

Der Feind braucht keine Rechtfertigung – überlassen wir das den Rechtsanwälten am Gerichtstag. Moskau, das sich zum Widerstand erhob, braucht auch keine Verteidigung; auf diese Weise wurde noch eine heroische Seite in der tausendjährigen Geschichte der Stadt geschrieben.

Lassen wir das Operettengeschwätz auf dem Gewissen seiner Erfinder (Demokratie ist Demokratie); man stelle sich aber einmal unsere Gesellschaft am Ende des Jahres 1991 vor, wenn die Putschisten gewonnen hätten. Diese Vorstellung kommt einem Alptraum gleich: Es wäre sofort zu einer allgemeinen Gesinnungsgleichheit gekommen, nur ohne die für uns bekannten und unbekannten Personen, die sehr schnell in den berüchtigten Lagern wie »ARCHIPEL GULAG« verschwunden wären. Viele Zeitungen und deren Mitarbeiter hätten wir vermißt. Es hätte das Ende des Unternehmertums und der Hoffnungen auf die Gesundung der Wirtschaft bedeutet. Im Fernsehen könnten wir ununterbrochen das Ballett »Schwanensee« sehen (ich erinnere daran, daß wir am neunzehnten August fast den ganzen Tag lang dieses Ballett gesehen haben ... es war das einzige, das gesendet wurde). Das Wettrüsten ginge wieder los (Kanonen statt Butter), und es entstände wieder Kriegsgefahr. Der »Operettenputsch« würde zu einer schrecklichen Lebenstragödie für Millionen von Landsleuten, für den Staat und für die ganze Welt.

Das »Operettengeschwätz« in einigen von mir geachteten Zeitungen berührt mich nicht. Die Menschen werden sich selbst in dieser Situation zurechtfinden. Aber ich mache mir darüber Gedanken, daß wir eine neue Gefahr verpassen könnten. Diese Gefahr steht uns bestimmt bevor, wenn wir bei den sorglosen »Operettenarien« einschlafen.

25. Gorbatschow verabschiedet sich vom Kommunismus

Am Sonnabend, dem vierundzwanzigsten August, wurden G. Popow und ich zum Präsidenten der UdSSR eingeladen, der von seinem Arrest auf der Krim während des Putsches zurückgekehrt war. Das war das erste Treffen mit Gorbatschow nach dem Fiasko der Verschwörung, bei dem die Lage im Lande ausführlich besprochen wurde. Kurz danach legte Gorbatschow sein Mandat als Generalsekretär des ZK der KPdSU nieder. Das war eines der ersten Ergebnisse der Niederlage des kommunistischen Putsches.

Die im Grunde auseinandergefallene kommunistische Partei, die von Tag zu Tag an Autorität einbüßte, war wie unter Stalins Führung zum Inspirator und Organisator dieses Staatsstreiches geworden. Selbstverständlich betraf das nicht die Millionen einfacher Parteimitglieder, die schon lange keine reale Verbindung mehr zur Führung hatten, keine Versammlungen mehr besuchten und ihre Beiträge nicht mehr zahlten, sondern die bürokratische Oberschicht dieser Partei. Sie organisierte den Putsch und stiftete die Menschen dazu an. Der Parteioberschicht gehörten viele reaktionäre Funktionäre, von den einflußreichen Sekretären des ZK der KPdSU bis zu den Parteisekretären der Großbetriebe an.

Es sind chiffrierte Telegramme bekannt, die vom Sekretariat des ZK der KPdSU an die kommunistischen Parteien der Unionsrepubliken, Revolutionskomitees, Rayonkomitees und Gebietskomitees abgesandt wurden. In einem Telegramm, das wir am neunzehnten August gegen elf Uhr bekamen, stand: »... es sollen Sofortmaßnahmen zur Unterstützung der Kommunisten des außerordentlichen Komitees getroffen werden.« Mir oblag es, einige führende Parteifunktionäre während des Putsches zu beobachten. Sie konnten ihren Jubel nicht verbergen und waren vom Sieg und Wiederaufleben der Partei, von ihrer Macht über die Menschen und das Land fest überzeugt. Als nichtsnützig wurden die »schönen« demokratischen Worte verworfen, und das Zähnefletschen des sogenannten »Steuermanns«, der das Land wieder auf den ehemaligen – verderblichen – Kurs bringen sollte, zeigte sich von neuem. Man braucht sich nicht in Vermutungen zu verlieren, um zu erraten, wer diesen Putsch organisiert hatte; die Ansprache des Sonderkomitees für den Ausnahmezustand an das sowjetische Volk war ihrem reaktionären Wesen nach dem berühmten »Kommunistischen Manifest« von Nina Andreeva ähnlich, das im Frühling 1988 in der Zeitung »SOWJETRUSSLAND« veröffentlicht wurde und das den Proteststurm der demokratischen Öffentlichkeit hervorrief.

Wie groß war unser Erstaunen, als wir zum ersten Mal Gorbatschow nach dem Arrest auf der Krim reden hörten. Kaum hatte er die Gangway verlassen, beeilte er sich, der Partei sofort eine »Liebeserklärung« zu machen. Ebenso unverständlich war seine erste Pressekonferenz. Aber bei der Beratung am Sonnabend gab er alles »Kommunistische« auf, obwohl die Personen seiner näheren Umgebung dieselben und gutbekannten (ausschließlich der verhafteten Putschisten) geblieben waren. Hoffentlich läßt es sich dadurch erklären, daß es nicht so leicht ist, den Bestand der Vertrauensleute sofort zu wechseln.

Ich weiß, daß der Präsident umgehend davon unterrichtet wurde, daß ich nach dem achtundzwanzigsten März, als in Moskau auf seine direkte Anordnung hin Truppen einmarschierten und der Demonstration der Zugang zum Manegeplatz versperrt wurde, sein Porträt aus meinem Dienstzimmer entfernte. Das machte unsere Beziehungen nicht wärmer. Vorher war sie allerdings auch nicht durch besondere Sympathie gekennzeichnet. Jetzt, am vierundzwanzigsten August, schob der Präsident meiner Meinung nach alle Voreingenommenheit beiseite, indem er seine Meinung nicht nur über mich persönlich, sondern über das neue demokratische Moskau insgesamt änderte. Dort war schließlich im Verlauf von drei Tagen über sein Schicksal als Staatsmann und als Mensch bestimmt worden. Die Einladung an G. Popow und mich bedeutete daher sehr viel.

Den Text der »Lossagung«, der bald in den Zeitungen veröffentlicht wurde, haben wir sachlich und unvoreingenommen besprochen. Wir hatten einen anderen, radikalen Text vorgeschlagen, aber Gorbatschow wählte mildere Ausdrücke, ohne das Wesen der Aussage zu verändern. Letzten Endes war es seine eigene Erklärung, und er war berechtigt, seine eigenen Worte zu wählen. Aber unabhängig davon, wie seine »Lossagung« klang, markierte sie einen Wendepunkt in der langjährigen Geschichte der KPdSU.

Die kommunistische Partei der UdSSR ist von der politischen Arena abgegangen, und mit ihr auch die Palastrevolutionen und Palastintrigen, mit deren Hilfe die Parteioberschicht ihre Führer eingesetzt und abgesetzt hatte, denen Millionen von einfachen Kommunisten und Parteilosen bedingungslos gehorchten. Ob die kommunistische Partei in unserem Lande in einer neuen Gestalt wiederaufleben wird? Ich kann es nicht vorhersagen, besonders wenn ich an die philosophischen Arbeiten Nikolaj Berdjaews zurückdenke, in denen er seine Ansichten über Ursprünge und das Wesen des russischen Kommunismus geäußert hat. Ich bin fest davon überzeugt, daß die kommunistischen Führer für die direkte Unterstützung des Putsches bestraft werden sollen, aber wir sollten nie zulassen, daß die einfachen Parteimitglieder verfolgt werden, auch nicht in dem Fall (ich wage es zu sagen), wenn sie im Inneren mit den »besonderen« Ideen der Putschisten mitgefühlt haben, aber durch ihre Handlungen sich den Putschisten zuliebe nicht beschmutzt haben.

Die Menschen, die sich zum Kommunismus bekennen, sind berechtigt, eine neue Partei zu gründen, und zwar eine parlamentarische, legale und für die Stimmenmehrheit bei den Wahlen kämpfende – im Unterschied zu derjenigen, die Anspruch auf immerwährende Macht erhob und aus diesem Grunde Putsche organisierte. Niemand darf wegen irgendwelcher Ideen verfolgt werden. Und ich halte es für möglich, einen Teil des Eigentums der ehemaligen KPdSU den legalen Bewegungen, die sich von der KPdSU abgespaltet haben, oder denen, die neu entstanden sind, zu übergeben.

Eine Gesellschaft, die die Interessen der Minderheit

schmälert (ich meine, daß sich jetzt nicht viele unter dem Banner des Kommunismus versammeln werden), wird über kurz oder lang in Fesseln liegen.

26. Die Verfasser dieses Buches

Juri Lushkow, der Autor, hat seinen fünfundfünfzigsten Geburtstag am einundzwanzigsten September 1991 gefeiert, einen Monat nach der Niederwerfung des kommunistischen Putsches. Im Sommer dieses Jahres war er einstimmig zum Vizebürgermeister von Moskau gewählt worden, und gleichzeitig bekleidete er den hohen Posten des Verwaltungschefs in der Neun-Millionen-Stadt. Die Moskauer Stadtverwaltung engagiert sich nach den einschneidenden demokratischen Umgestaltungen besonders auf wirtschaftlichem, politischem und sozialem Gebiet. Ausgerechnet deswegen hielten ihn die Putschisten für einen Feind und wollten ihn zuallererst fertigmachen.

Als Lushkow vor dreißig Jahren sein Ingenieurdiplom bekam und an einem Forschungsinstitut arbeitete, dachte er im Traum nicht daran, daß er eines Tages seiner ganzen Heimatstadt bekannt sein würde: seit dem Jahre 1990 war er Vorsitzender des Vollzugskomitees des Moskauer Sowjets der Volksdeputierten, dann, wie ja schon berichtet, Verwaltungschef und Vizebürgermeister; er ahnte auch nicht, daß das Schicksal ihn als einen der Hauptorganisatoren des Widerstands bestimmen würde. Im Laufe seiner Karriere als Ingenieur war er Generaldirektor einer großen wissenschaftlichen Produktionsvereinigung, in der hunderttausend Menschen tätig waren.

Lushkow hat zwei Söhne; eines seiner Hobbys ist Fußballspielen. An jedem Samstagmorgen trifft sich Lushkow mit seiner Fußballmannschaft – aus Mitgliedern der Stadtverwaltung – die er selbst organisiert hat. Im Winter badet er gern im eiskalten Wasser, es stört ihn nicht, wenn er dabei von Zeitungsreportern fotografiert wird ...

Boris Jakowlew, der das Buch bearbeitet hat, war immer nur im Journalismus tätig, obwohl er Jura studierte. Er begann als Reporter bei einer Moskauer Jugendzeitung, und als er die ersten grauen Haare bekommen hatte, kam er vier Stockwerke höher zur Abendzeitung.

Boris Jakowlew versteht es, über alles in der Welt zu schreiben, von Reportagen über die Kriminalität bei Nacht bis zu tiefsinnigen philosophischen Artikeln über religiöse Probleme.

Bestimmt war die reaktionäre Oberschicht durch die Mehrzahl seiner Artikel zum Schutz der Demokratie und gegen die Reaktion in der Zeitung »WETSCHERNJAJA MOSKWA« sehr aufgebracht, und daher wurde diese Zeitung sofort von den Putschisten verboten. Die Redaktion war gezwungen, in die Illegalität zu gehen; ihre Extra-Ausgaben wurden in den Straßen Moskaus kostenlos verteilt, sie schimmerten bunt an Mauern und Zäunen, und man konnte sie sogar an Panzern sehen. Würde man fragen, welches Hobby Boris Jakowlew habe, müßte die Antwort lauten: »Auch den Journalismus.«

27. Verzeichnis der Dokumente

1. Ansprache des russischen Präsidenten Boris Jelzin und anderer politischer Führer Rußlands an die Bürger der Sowjetunion.

2. Erlaß des Präsidenten Jelzin, in dem das Sonderkomitee für den Ausnahmezustand für verfassungswidrig erklärt wird und dessen Verordnungen für rechtswidrig und kraftlos erklärt werden.

3. Laut diesem Erlaß sollen alle Vollzugsorgane der UdSSR, die auf dem Territorium Rußlands tätig sind, einschließlich Staatssicherheitsorganen, Ministerium für Innere Angelegenheiten und Verteidigungsministerium der UdSSR unmittelbar dem Präsidenten Rußlands, B. Jelzin, untergeordnet werden.

4. B. Jelzin erklärt alle Mitglieder des sogenannten Notstandskomitees für ungesetzlich und sichert denjenigen Militärangehörigen juristische und moralische Verteidigung zu, die sich weigern, Befehle dieses Komitees auszuführen, sowie denjenigen, die der Verfassung gemäß handeln und der gesetzlichen Staatsmacht treu bleiben.

5. Appell des Bürgermeisteramtes an die Moskauer.

6. Der Aufruf zum Generalstreik – Telefonat des Bürgermeisteramtes.

7. Erklärung der Stadt Moskau gegen die Einführung einer Sperrstunde.

8. Telegramm an alle Parteiorganisationen des Landes. Das Sekretariat des ZK der KPdSU: »Alle Kommunisten sollen dem staatlichen Sonderkomitee für den Ausnahmezustand Beistand leisten.«

9. Begrüßung der Teilnehmer und Gäste des Internationalen Kongresses der Landsleute.

10. Fernschreiben: Die Börse schließt.

11. Verordnung des Vizebürgermeisters zum Erscheinen der Zeitungen.

12. Der Moskauer Bürgermeister: Keine Unterstützung des Putsches durch öffentliche Organisationen.

13. Der Moskauer Bürgermeister: Verordnung gegen die Parteien, die den Putschisten Beistand geleistet haben.

14. »... Einverstanden. M. Gorbatschow. 23.08.91.«

15. Flugblatt der von der Junta verbotenen Zeitung »MOSKOWSKIJE NOWOSTI«.

16. Erlaß und Erklärung

17. Flugblatt der von der Junta verbotenen Zeitung »KURANTY«.

18. Flugblatt der von der Junta verbotenen Zeitung »WETSCHERNAJA MOSKWA«.

19. »MOSKOWSKAJA PRAWDA«: Erklärung der sowjetischen Führung.

20. Meldung des Medizindienstes.

28. Die Dokumente im Wortlaut

1. An die Bürger Rußlands

In der Nacht vom 18. zum 19. August 1991 wurde der legitim gewählte Präsident unseres Landes abgesetzt. Diese Absetzung ist durch mancherlei Gründe zu rechtfertigen, aber es kann nicht geleugnet werden, daß wir es hier mit einem rechten, reaktionären, verfassungswidrigen Umsturz zu tun haben.

Trotz aller Schwierigkeiten und schweren Prüfungen, die unser Volk zur Zeit erlebt, hat der demokratische Prozeß ein tiefes Ausmaß angenommen und ist nicht umkehrbar. Die Völker Rußlands nehmen ihr Schicksal selbst in die Hand. Unkontrollierbare Rechte der verfassungswidrigen Organe, einschließlich der Parteiorgane, wurden wesentlich begrenzt. Die Führung Rußlands hat zu dem Allunionsvertrag eine entschiedene Position eingenommen, indem sie nach der Einheit der Sowjetunion und Rußlands strebt. Unser Verhalten zu dieser Frage ließ uns die Vorbereitung des Vertrages wesentlich beschleunigen, uns rasch mit allen Republiken absprechen und als Datum der Unterzeichnung den 20. August dieses Jahres bestimmen.

Diese Entwicklung der Dinge rief bei den reaktionären Kräften Zorn und Aggression hervor und stachelte sie zu unverantwortlichen, abenteuerlichen Lösungsversuchen der kompliziertesten politischen und wirtschaftlichen Probleme auf, wozu sie auch Druckmittel benutzten.

Wir waren und sind der Meinung, daß diese Erpressungsmethoden unannehmbar sind. Sie diskreditieren die Sowjetunion vor der ganzen Welt, untergraben unser Ansehen in der internationalen Gemeinschaft, führen uns zurück zum kalten Krieg und tragen zur Isolierung der Sowjetunion von der ganzen Menschheit bei.

Das alles läßt uns das sogenannte Komitee, das die Macht ergriffen hat, für gesetzwidrig erklären. Dementsprechend erklären wir alle Beschlüsse und Verordnungen dieses Komitees für ungültig.

Wir sind sicher, daß die örtlichen Machtorgane allen Verfassungsbestimmungen und Erlassen des Präsidenten der Russischen Föderation folgen werden. Wir rufen alle Bürger Rußlands auf, dem sogenannten Notstandskomitee eine Abfuhr zu erteilen und zu fordern, daß das Land zu einer normalen verfassungsmäßigen Entwicklung zurückgeführt wird.

Es ist notwendig, dem legitimen Präsidenten Gorbatschow eine Möglichkeit zu geben, im Fernsehen vor dem sowjetischen Volk aufzutreten. Wir fordern eine unverzügliche Einberufung des Außerordentlichen Kongresses der Volksdeputierten der UdSSR.

Wir sind absolut überzeugt davon, unsere Landsleute werden nicht zulassen, daß sich Willkür und Rechtswidrigkeit dieser scham- und gewissenlosen Putschisten halten können. Wir wenden uns an die Armeeangehörigen mit dem Aufruf, ein Höchstmaß an Staatsbewußtsein zu bekunden und den reaktionären Putsch nicht zu unterstützen.

Bis zur Ausführung dieser Forderungen rufen wir zu einem unbefristeten Generalstreik auf.

Wir zweifeln nicht daran, daß die Weltöffentlichkeit diesen zynischen Staatsstreichversuch der rechten Kräfte objektiv bewertet.

Der Präsident der Russischen Föderativen Sozialistischen Sowjetrepublik

Jelzin B.N.

Der Vorsitzende des Ministerrates der RSFSR

Silajew I.S.

Der Stellvertretende Vorsitzende des Obersten Sowjets der RSFSR

Chasbulatow R.I.

19. August 1991
9.00 Uhr

2. Erlaß des Präsidenten der Russischen Sozialistischen Föderativen Sowjetrepublik

Unter Berücksichtigung der Handlungen von gewissen Personen, die sich als staatliches Notstandskomitee erklärten, verordne ich:

1. Die Erklärung des Komitees für verfassungswidrig zu halten und Handlungen von dessen Organisatoren als Staatsstreich zu bewerten, der als Staatsverbrechen betrachtet werden muß.

2. Alle im Namen dieses sogenannten Notstandskomitees angenommenen Beschlüsse gelten als gesetzwidrig und werden auf dem Territorium der RSFSR nicht rechtskräftig. Auf dem Territorium der Russischen Sozialistischen Förderativen Sowjetrepublik ist die gesetzlich gewählte Macht gültig, ausgeführt vom Präsidenten, dem Obersten Sowjet, dem Vorsitzenden des Ministerrates sowie allen staatlichen und örtlichen Organen.

3. Dienstpersonen, die Verordnungen des oben erwähnten Komitees ausführen, werden gemäß dem Strafgesetzbuch der RSFSR verfolgt.

Dieser Erlaß gilt seit der Unterzeichnung.

Der Präsident der RSFSR B. Jelzin
Moskau, Kreml,
am 19. August 1991
Nr. 59

3. Erlaß des Präsidenten der Russischen Sozialistischen Föderativen Sowjetrepublik

Ein Staatsstreichversuch wurde unternommen, und der Präsident der UdSSR, gleichzeitig der Oberste Befehlshaber der sowjetischen Streitkräfte wurde seines Amtes enthoben. Der Vizepräsident der UdSSR, der Ministerpräsident der UdSSR, der Vorsitzende des Komitees für Staatliche Sicherheit (KGB), der Verteidigungsminister und der Innenminister der UdSSR schufen ein verfassungswidriges Organ und begingen dadurch ein Staatsverbrechen. Wegen dieser Handlungen wurde die Tätigkeit der gesetzlich gewählten Exekutivmacht der Union der Sozialistischen Sowjetrepubliken lahmgelegt.

In dieser außerordentlichen Situation verordne ich:

1. Bis zur Einberufung des Außerordentlichen Kongresses der Volksdeputierten der UdSSR werden alle ausführenden Machtorgane der UdSSR, einschließlich des KGB der UdSSR, des Innenministeriums und des Verteidigungsministeriums der UdSSR, die auf dem Territorium der RSFSR gelten, dem vom Volk gewählten Präsidenten unterstellt.

2. Das Komitee für Staatliche Sicherheit der RSFSR, das Innenministerium der RSFSR, das Staatliche Komitee für Fragen der Verteidigung übernehmen provisorisch die Funktionen der jeweiligen Organe der UdSSR auf dem Territorium der RSFSR.

Alle örtlichen Organe des Innenministeriums, des KGB und des Verteidigungsministeriums haben unverzüglich die Erlasse und Verordnungen des Präsidenten der RSFSR, des Ministerrates, des KGB der RSFSR, des Innenministeriums der RSFSR sowie des Staatlichen Komitees für Fragen der Verteidigung zu erfüllen.

3. Alle Organe, Dienstpersonen, Bürger der RSFSR haben unverzüglich Maßnahmen zu ergreifen, um die Erfüllung von irgendwelchen Beschlüssen und Verordnungen des verfassungswidrigen Komitees auszuschließen.

Dienstpersonen, die die Beschlüsse des erwähnten Komitees erfüllen, werden laut Verfassung der RSFSR aus ihrem Amt entlassen. Die Staatsanwaltschaft der RSFSR wird gegen genannte Personen gerichtlich vorgehen.

Der Präsident der RSFSR B. Jelzin
Moskau, Kreml,
am 19. August 1991
Nr. 61

4. Erlaß des Präsidenten der Russischen Sozialistischen Föderativen Sowjetrepublik

Nach dem Staatsstreich und der gewaltsamen Beseitigung des Präsidenten der UdSSR, des Obersten Befehlshabers der Streitkräfte der UdSSR, erwiesen sich

Der Vizepräsident der UdSSR – Janajew G.J.
Der Ministerpräsident der UdSSR – Pawlow W.S.
Der Vorsitzende des KGB der UdSSR – Krjutschkow
Der Innenminister der UdSSR – Pugo B.K.
Der Verteidigungsminister der UdSSR – Jasow D.T.
Der Vorsitzende des Bauernvereins – Starodubzew W.A.
Der Stellvertretende Vorsitzende des Staatlichen Verteidigungskomitees – Baklanow O.D.
Der Präsident der Vereinigung für Industrie, Bauwesen und Kommunikation – Tisjakow A.J.

und ihre Komplizen als Staatsverbrecher, indem sie den Artikel 62 der Verfassung der UdSSR sowie die Artikel 64, 69, 70, 70^{I}, 72 des Strafgesetzbuches der RSFSR und entsprechende Artikel der Strafgesetzgebung der UdSSR und der der Sowjetrepubliken verletzten.

Sie haben gegenüber dem Volk, dem Vaterland und der Verfassung Hochverrat verübt und sich damit außerhalb des Gesetzes gestellt.

Unter Berücksichtigung der genannten Fakten verordne ich:

Die Mitarbeiter der Staatsanwaltschaftsorgane, der Staatlichen Sicherheit, des Innenministeriums der UdSSR und der RSFSR, Armeeangehörige, die sich der Verantwortung für das Schicksal von Volk und Staat bewußt sind, die den Ausbruch der Diktatur vermeiden sowie Bürgerkrieg und Blutvergießen nicht zulassen wollen, sind berechtigt, laut Verfassung und Gesetzen der UdSSR und der RSFSR zu handeln. Als Präsident Rußlands im Namen des Volkes, von dem ich gewählt wurde, garantiere ich ihnen Rechtsschutz und moralische Unterstützung.

Das Schicksal Rußlands und der Union liegt in ihren Händen.

Der Präsident der RSFSR B. Jelzin
Moskau, Kreml,
den 19. August 1991
22.30 Uhr

5. Appell des Bürgermeisteramtes an die Moskauer

Liebe Moskauer!

In der Nacht vom 18. August zum 19. August 1991 wurde ein Staatsstreich unternommen. Der legitime Präsident ist entmachtet. Den Putsch verübte eine Gruppe von Personen, die sich als Notstandskomitee vorstellt, aber keine rechtmäßigen Befugnisse bei der Leitung des Landes hat und einer Junta entspricht. Die Gruppe besteht aus denjenigen Personen, die eine unmittelbare Verantwortung für die katastrophale Lage der Wirtschaft, der sozialen Sicherheit und der Lebensverhältnisse tragen. Wie kann man solche Versprechungen, das Leben innerhalb von 6 Monaten zu bessern, ernstnehmen, wenn darunter die Unterschrift des Mitglieds des Notstandskomitees W.S. Pawlow, des Initiators und Organisators von räuberischen Preiserhöhungen steht!

Der Putsch hat das Ziel, alle demokratischen Umgestaltungen zu streichen und das Land auf lange Zeit wieder unter die Macht der reaktionären Kräfte zu bringen.

Ich wende mich an alle Bürger Moskaus – Werktätige, Rentner, Veteranen, Militärangehörige, Mitarbeiter der Staatsanwaltschaft: Als legitim gewählter Bürgermeister, der sein Abgeordnetenmandat am 12. Juni 1991 bei den Wahlen bekam, schließe ich mich der Erklärung der Führung der RSFSR unter dem gewählten Präsidenten von Rußland, B.N. Jelzin, an und erkläre das sogenannte Notstandskomitee für gesetzwidrig. Alle seine Beschlüsse und Verordnungen sind nicht auszuführen. Seit dem 19. August rufe ich alle Werktätigen der Hauptstadt, ausgenommen die Beschäftigten in der städtischen Energiewirtschaft und im Versorgungswesen auf, die Arbeit niederzulegen und bis zur vollen Beseitigung der Junta in einen unbefristeten Streik zu treten.

Ich bin überzeugt davon, daß die Solidarität und Entschlossenheit der Moskauer und aller Bürger Rußlands sowie die Vernunft und der Patriotismus der Militärangehörigen, sich den Aufrührern in den Weg stellen und deren volksfeindliche Pläne verhindern werden.

Der Stellvertretende Bürgermeister J.M. Lushkow

6. Aufruf zum Generalstreik
An die Präfekten der Verwaltungsbehörden und die Vorsitzenden der Exekutivkomitees der Bezirksstadträte

Telefonat Nr. 159 vom 19.08.91

Laut Erlaß des Präsidenten der RSFSR vom 19.08.91 ist das sogenannte »Komitee« für verfassungswidrig erklärt, und dessen Handlungsweise als Staatsverbrechen zu qualifizieren. Alle die von dem Komitee gefaßten Beschlüsse verlieren ihre Gültigkeit auf dem Territorium der Republik. Die Amtspersonen, die den Beschlüssen des sogenannten Komitees Folge leisten, stehen im Wirkungsbereich des Strafgesetzbuches der RSFSR und müssen gesetzlich verfolgt werden.

Im Anschluß an die Appelle von B.N. Jelzin, I.S. Silajew und R.N. Hasbulatow rufe ich alle Werktätigen auf, ausgenommen die Beschäftigten in der Lebensversorgung der Bevölkerung und der städtischen Energiewirtschaft, die Arbeit niederzulegen und bis zur endgültigen Beseitigung der Junta in einen unbefristeten Streik zu treten. Die Stadtverwaltung hat die Kundgebung auf dem Manegeplatz am 20. August 1991 ab 12 Uhr mittags genehmigt.

Das Telefonat ist an alle Betriebsleiter, Betriebsräte und Gewerkschaften bis 11 Uhr am 20. August dieses Jahres weiterzuleiten.

Der Stellvertretende Bürgermeister Ju. W. Lushkow

Durchgegeben von Mjasnikow S.A.
19.08.91
19.30-21.00 Uhr

7. Erklärung der Stadt Moskau gegen die Einführung einer Sperrstunde

Laut Befehl des Kommandierenden des Moskauer Militärbezirks, Generaloberst N. Kalinin, wurde in Moskau der Ausnahmezustand verhängt.

Die Stadt Moskau sieht sich genötigt, folgendes zu erklären:

Die Lage in der Stadt, einschließlich krimineller Umtriebe, steht unter völliger Kontrolle der zuständigen kommunalen Organe. Einziger Unsicherheitsfaktor bleibt das Verhalten des verfassungswidrigen Notstandskomitees. Die Anwesenheit mehrerer Truppeneinheiten und das Waffenaufgebot in der Stadt behindern die Lebensmittelbelieferung, den Zustelldienst, medizinische Hilfeleistung, Straßenbauarbeiten und anderes mehr. Darüber hinaus werden gerade reparierte oder neu gebaute Straßen betriebsunfähig gemacht, die Umwelt ruiniert.

Der Aufenthalt sowie das Manövrieren des Militärs und der Kriegswaffen in den Straßen der Stadt schaden der Versorgung der Bevölkerung, stellen eine Gefahr für die Einwohner dar und verschärfen die Spannung. Das kann zu Unruhen führen.

Trotz der persönlichen Disziplin und Ausdauer der Moskauer Bürger sowie der aufopferungsvollen Handlungsweise von Volksdeputierten und Behörden sind dem unverantwortlichen Vorgehen des selbsternannten Komitees Menschen zum Opfer gefallen.

Davon ausgehend, daß wir uns unserer Verantwortung für das Schicksal der Moskauer voll bewußt sind, und uns stützend auf das Abgeordnetenmandat, das wir in freier Willensbekundung der Wähler bekommen haben, erklären wir den eingeführten Ausnahmezustand für ungültig, fordern dessen Aufhebung und den unverzüglichen Abzug der Truppen aus der Stadt.

Der Vizebürgermeister
Verwaltungschef von Moskau Ju.M. Lushkow
Moskau, 21.08.91, 9.00 Uhr

8. Telegramm an alle Parteiorganisationen des Landes

Eingegangen am 19. August, 11.45 Uhr
Dechiffriert am 19. August, 11.55 Uhr

Geheim
An die Ersten Sekretäre der ZKs Kommunistischer Parteien von Unionsrepubliken, Regionen und Gebieten:

Ergreifen Sie im Zusammenhang mit der Einführung des Ausnahmezustandes Maßnahmen zur Beteiligung von Kommunisten an der Unterstützung des staatlichen Notstandskomitees der UdSSR.

Lassen Sie sich in praktischer Tätigkeit von der Verfassung der UdSSR leiten.

Über die bevorstehende Plenarsitzung des ZK wird zusätzlich berichtet.

Nr. 116/Z — Sekretariat ZK der KPdSU

Gedruckt in einem Exemplar
19. August 1991
12.05 Uhr

9. Begrüßung der Teilnehmer und Gäste des Internationalen Kongresses der Landsleute

Lassen Sie mich im Namen der Stadt Moskau die Teilnehmer und Gäste des Internationalen Kongresses der Landsleute herzlich begrüßen. Wir sind froh und glücklich, Sie in der Hauptstadt Rußlands als Söhne und Töchter dieser Großmacht willkommen zu heißen, Sie, die zu verschiedenen Zeiten und gegen Ihren Willen die Heimat verlassen mußten.

Wir sind Ihnen zu tiefem Dank verpflichtet dafür, daß Sie auch in der Fremde die geistige Zugehörigkeit zu ihrer Heimat nie abgebrochen haben, immer an ihrem Schicksal teilnahmen, für ihre Zukunft mitsorgten, nach Kräften und schöpferischen Fähigkeiten für ihr Wohl arbeiteten und mit ganzer Seele nach geistiger und wirtschaftlicher Wiedergeburt Rußlands strebten, nach seinem Ruhm und seiner Größe.

Derartige Möglichkeiten haben sich Ihnen vor fast sechs Jahren mit dem Beginn der Perestroika und der Demokratisierung in unserem Lande eröffnet. Es liegt nicht an uns und Ihnen, daß dieser Prozeß, der den Menschen in der Sowjetunion und in der ganzen Welt soviel Hoffnungen machte und immer noch macht, eine so tragische Wende genommen hat, ausgerechnet am Tag der Eröffnung Ihres Kongresses: In der Nacht zum 19. August fand ein Staatsstreichversuch statt.

Wir sind überzeugt davon, die demokratischen Kräfte werden es nicht zulassen, daß das Rad der Geschichte zurückgedreht wird, daß sich die demokratischen Anfänge umkehren und das Land wieder unter die Macht reaktionärer Strömungen geworfen wird.

Wir hoffen auf Ihre Hilfe und Unterstützung, wir glauben an die Weisheit der Russen.

Ich wünsche dem Kongreß Erfolg und seinen Teilnehmern und Gästen Wohlergehen.

Der Stellvertretende Bürgermeister Ju.M. Lushkow
von Moskau
19. August 1991

10. Fernschreiben: Die Börse schließt

An den Vizebürgermeister von Moskau Lushkow Ju.M.

In Beantwortung Ihres Appells teilen wir mit, daß auf Beschluß des Börsenkomitees und des Stellvertretenden Präsidenten der Moskauer Warenbörse die Börsengeschäfte am 20. August dieses Jahres eingestellt wurden.

Durchgegeben von Shurbina
20.08.91
Empfangen Drenowa

11. Verordnung des Vizebürgermeisters zum Erscheinen der Zeitungen

Anordnung vom 20. August 1991, Nr. 189-PB-M

Zu Maßnahmen über die Sicherstellung von Auflagen der Stadtzeitungen im Verlag »Moskowskaja Prawda«.

In Übereinstimmung mit dem Erlaß des Präsidenten der RSFSR vom 19. August 1991 Nr. 61 und der Notwendigkeit der Sicherung des Funktionierens des Verlages »Moskowskaja Prawda« im Interesse der Moskauer Bürger sowie der Erscheinung serienmäßiger und außerordentlicher Auflagen von allen Stadtpublikationen müssen folgende Auflagen erfüllt werden:

1. Der Leiter des Verlags »Moskowskaja Prawda« oder ein Stellvertreter muß nach Vorlage der gegebenen Anordnung die Ausgabe von Stadtzeitungen, welche bis 19. August 1991 im Verlag »Moskowskaja Prawda« oder als Sonderausgaben erschienen, sicherstellen.

2. Leiter und Schutzdienst des Verlags »Moskowskaja

Prawda« müssen den Volksdeputierten Popow A.W., Chramow Ju.E. und ihrer Begleitung einen ungehinderten Zugang zu allen Verlagsräumen gewährleisten.

3. Die Kontrolle für die Ausführung von Punkt 1 (vorliegender Anordnung) im Verlag »Moskowskaja Prawda« übernimmt der außerordentliche Vertreter des Bürgermeisters, der Volksdeputierte des Moskauer Stadtsowjets, Popow A.W.

4. Im Falle der Nichterfüllung von Punkt 1 der vorliegenden Anordnung muß die Verantwortung für die Erscheinung von Zeitungen im Verlag »Moskowskaja Prawda« der Vertreter des Bürgermeisters von Moskau, der Volksdeputierte Popow übernehmen.

5. Die Sicherstellung der vorliegenden Anordnung sowie die Aufsicht über die zugeordneten Abteilungen des Innenministeriums der RSFSR werden dem außerordentlichen Vertreter des Moskauer Bürgermeisters, dem Volksdeputierten des Stadtsowjets Ju.E. Chramow übertragen.

Der Vizebürgermeister von Moskau Ju.M. Lushkow

Versandt an den Vizebürgermeister, sein Amt, an den Stellvertreter und Vorsitzenden des Stadtsowjets und an die Sachbearbeiter Zoi S.P. und Chramow Ju.E.

12. Der Moskauer Bürgermeister: keine Unterstützung des Putsches durch öffentliche Organisationen

Anordnung vom 20. August 1991
Nr. 121-PM

betreffs Tätigkeit der gesellschaftlichen Organisationen und der Einstellung der Tätigkeit der Moskauer Kriegs- und Arbeitsveteranen-Vereine

Vom Allunionsrat der Kriegs- und Arbeitsveteranen, vom Sowjetischen Komitee der Kriegsveteranen und auch im Namen gesellschaftlicher Organisationen wurde ein Aufruf zur Unterstützung des sogenannten Notstandskomitees verbreitet.

In Übereinstimmung mit den Erlassen des Präsidenten der RSFSR B.N. Jelzin über die Verfassungswidrigkeit des Notstandskomitees und über die strafrechtliche Verantwortung seiner Mitglieder und derjenigen, die ihre Anweisungen ausführen, verordne ich:

1. Die Stadt Moskau soll Maßnahmen zur zeitweiligen Einstellung der Tätigkeit der angegebenen Gruppierungen und Komitees sowie aller ihnen untergeordneter Organe, Organisationen und Betriebe auf dem Territorium der Stadt Moskau ergreifen, bis die Frage der Beihilfe geklärt ist. (Verantwortlich hierfür ist J.M. Lushkow).

1.1. Alle Bankgeschäfte dieser Organe, ihrer Betriebe, Organisationen und Einrichtungen sollen ordnungsgemäß eingestellt werden. Die auf das Konto dieser Organisationen überwiesenen Geldsummen sollen auf das Konto des außerplanmäßigen Fonds der Sozialversicherung von Moskau überwiesen werden.

1.2 Die diesen Organen gehörenden Arbeitsräume sind zu räumen, zu versiegeln und der Aufsicht zu unterstellen (verantwortlich hierfür ist Myrikow N.S.).

2. Der Staatsanwalt von Moskau soll Strafverfahren gegen die Amtspersonen und weiteren Personen einleiten, die sich an der rechtswidrigen Tätigkeit beteiligten und verfassungswidrige Organe unterstützten.

3. Der Staatsanwalt von Moskau soll die Beschlüsse der Machtorgane über die Registrierung der Statuten (Vorschriften) der gesellschaftlichen und anderer Organisationen prüfen und Protest gegen die Beschlüsse derjenigen einreichen, die rechtswidrige Verbindungen zu verfassungswidrigen Organen herstellten.

4. Die in Übereinstimmung mit der angegebenen Anordnung bezüglich der gesellschaftlichen Organisationen, deren

Organen und Amtspersonen, die sich an rechtswidrigen Tätigkeiten beteiligten, ergriffenen Maßnahmen dürfen nicht zur Verletzung von Privilegien und Rechten, die laut gültigem Gesetz für Kriegs- und Arbeitsveteranen bestimmt sind, herangezogen werden. Die Stadt Moskau soll selbständig Vorschriften einführen, nach denen die ganze organisatorische Arbeit in Bezug auf Realisierung der obenerwähnten Privilegien (Verfassung von Listen, Verteilung der Lebensmittelpakete sowie Aushändigung der Veteranenausweise usw.) von der Stadtverwaltung oder den Exekutivkomitees der örtlichen Sowjets der Volksdeputierten bzw. deren untergeordneten Organen durchgeführt wird.

Der Bürgermeister von Moskau G.H. Popow
Versandt laut Liste

13. Der Moskauer Bürgermeister: Verordnung gegen die Parteien, die den Putschisten Beistand geleistet haben

Anordnung vom 22. August 1991
Nr. 125

betreffs Einstellung der Tätigkeit der Organisationen der KPdSU und der LDPdSU von Moskau, die den Putschisten bei dem Staatsstreich Hilfe leisteten

Unter Berücksichtigung der Teilnahme einiger Leiter des Moskauer Komitees der KPdSU und deren Stadtbezirksorganisationen sowie der Organisationen der LDPdSU an der verfassungswidrigen Tätigkeit, die den Putschisten bei ihrem Staatsstreich halfen, sowie im Einklang mit dem Beschluß der Tagung des Moskauer Stadtsowjets verordne ich folgendes:

1. Vorläufig, bis die Ergebnisse der Untersuchungskommission (gebildet von dem Moskauer Stadtsowjet) über die Hilfeleistung der Organisationen der KPdSU und der LDPSU bei der Verwirklichung des Putsches am 19. August dieses Jahres vorliegen, soll am 22. August die Tätigkeit des Moskauer Stadtkomitees der KPdSU (ab 16.30 Uhr), der Stadtbezirksorganisationen (ab 17.30 Uhr) und der Organisationen der LDPdSU (ab 17.30 Uhr) eingestellt werden.

2. Die städtische Abteilung des Innenministeriums (verantwortlich: Myrikow N.S.) soll alle Diensträume und Gebäude, die von dem Moskauer Stadtkomitee der KPdSU, den Stadtbezirkskomitees der KPdSU sowie den Organisationen der LDPdSU besetzt wurden, versiegeln und unter Aufsicht stellen.

3. Die Moskauer Telefonzentrale (Komarow W.N.) schaltet am 22. August 1991 ab 17.00 in den Räumen der Verwaltungsgebäude des Moskauer Stadtkomitees der KPdSU, der Stadtbezirkskomitees der KPdSU und der Organisationen der LDPdSU die Telefonapparate ab, und das Komitee für Energie (Rekk B.A.) schaltet den Strom ab.

4. Der Leitung des KGB der UdSSR wird vorgeschlagen, vom 22. August 1991 an ab 17.00 Uhr die Regierungskommunikation ATS-1 und ATS-2, die in Räumen der Verwaltungsgebäude des Moskauer Stadtkomitees der KPdSU untergebracht ist, abzuschalten.

5. Der Moskauer Transportstaatsanwalt Skaredow G.I. wird gebeten, die Tätigkeit des Leiters der Moskauer U-Bahn, Dubtschenko, der eigenwillig die Arbeitsabläufe des U-Bahn-Betriebs änderte, laut der gültigen Gesetzgebung zu prüfen. Die Verkehrsänderungen erfolgten am 20. August 1991.

Der Bürgermeister von Moskau G.H. Popow

Versandt an: Popow G.H., Lushkow J.M., Gontsachar N.N., Schachnowski W.S., die städtische Abteilung des Innenministeriums, Präfekturen der Verwaltung, die Moskauer Telefonzentrale, das KGB der UdSSR

14. »... Einverstanden. M. Gorbatschow«

Dienstschreiben des Staatssekretärs beim Präsidenten der RSFSR, G. Burbulis

Im ZK der KPdSU werden intensiv amtliche Unterlagen vernichtet. Daher muß dringend eine Anordnung des Generalsekretärs erfolgen, damit die Gebäude des ZK außer Betrieb gesetzt werden können.

Lushkow hat die Stromzuführung abgeschaltet. Er kann eine Anordnung des Präsidenten der UdSSR – des Generalsekretärs – ausführen.

Burbulis

»Einverstanden. M. Gorbatschow. 23.08.91« – so lautete der Bescheid auf der internen Mitteilung, die der russische Staatssekretär Burbulis an den Präsidenten der UdSSR richtete, zwei Tage nach der Niederlage der Putschisten. Die in Wut geratenen Moskauer Bürger marschierten nämlich auf die Gebäude des ZK zu, um die »kommunistische Höhle auszuräuchern«. Sie wollten damit die Massenvernichtung von Parteidokumenten verhindern.

15. Flugblatt der von der Junta verbotenen Zeitung »MOSKOWSKIJE NOWOSTI« (Moskauer Nachrichten)

Appell des Gründerrates

Freunde!
Wir wenden uns an Sie an dem Tag, an dem das Erscheinen der »MN« – wie vieler anderer Zeitungen auch – eingestellt wurde. Trotzdem geben wir die Hoffnung nicht auf, daß unsere Stimme gehört wird.

In unserem Lande ist ein Staatsstreich geschehen, durch diejenigen Personen, die ihre Stellungen ausnutzten, um zu versuchen, wieder ein diktatorisches Regime aufzubauen. Daher sind sie bereit, einen Bürgerkrieg zu riskieren. Sie sabotieren den Allunionsvertrag, verletzen die Souveränität der Republiken und vernichten die wenigen Errungenschaften des gesunden Menschenverstandes und der Freiheit, die wir uns so mühsam erkämpft haben. Darüber hinaus opfern sie skrupellos die neuen Vertrauensbeziehungen zur Weltgemeinschaft.

Worauf spekulieren nun diese Putschisten? Darauf, daß bei den Menschen die Angst geblieben ist, die sie von der Vergangenheit geerbt haben, daß die Streitkräfte bedingungslos irgendwelche Befehle ausführen werden. Sie rechnen fest mit der Verbitterung und der Unzufriedenheit, die in unserer Bevölkerung wegen der schweren ökonomischen Lage herrschen. Die Menschen sind müde von der Mühsal des Lebens, und die Putschisten setzen ihre Hoffnung auf diese politische Gleichgültigkeit.

Wir sagen ihnen entschieden, ihre Absichten führen dazu, daß die heutige Lage im Lande unerträglich wird. Die wirtschaftlichen Umgestaltungen können nicht unter Waffen erfolgen, der endgültige Zusammenbruch ist so nicht zu vermeiden. Ein freiwilliger Verband kann nicht mit Gewalt geschaffen werden. Das würde den Zerfall des Staates bedeuten. Die Ausrufung des Ausnahmezustands gegen den Willen der souveränen Republiken führt (und führte) zu nationalen Zusammenstößen, zu Blutvergießen, zu Krieg. Und das in einem Land zuzulassen, das Atomwaffen besitzt, heißt, sein Volk und die ganze Welt einer tödlichen Gefahr auszusetzen.

Um die tragischen Ereignisse zu beenden und den Putsch einzustellen, rufen wir dazu auf:

– Die Anstrengungen der Parlamente und der Regierungen der Republiken zu unterstützen, im Schutz der Verfassungsgrundlagen dem Staatsstreich Widerstand zu leisten.

– Sich nicht an der Hilfe für die Putschisten zu beteiligen. Man muß auch die Folgen bedenken.

– Der Zerschlagung der Glasnost zu widerstehen. Der Bevölkerung müssen alle nur möglichen Informationen zugänglich gemacht werden, damit sie sich ein reales Bild über den Sachverhalt machen kann.

Wir fordern alle Bürger Rußlands dazu auf, aktiv Präsident Jelzin bei seinem Kampf gegen die Willkür und für die Einhaltung der Gesetze zu unterstützen.

Wir appellieren an diejenigen, die sich als Staatliches Notstandskomitee angekündigt hatten: Baklanov O.D., Krjutschkow W.A., Pawlow W.S., Pugo B.K., Staroduzew A.I., Tisjakow W.A., Jasow D.T., Janajew G.I.: »Wenn Sie nicht völlig den gesunden Menschenverstand verloren haben, legen Sie Ihre Mandate nieder, bevor es zu spät ist. Der Volksdeputiertenkongreß muß zusammenkommen und Beschlüsse fassen, die für die weitere verfassungsmäßige demokratische Entwicklung des Landes notwendig sind.

Ambarzumow E.A., Bogomolow O.T., Gelmann A.I., Druse I.P., Sachrow M.A., Karpinski L.WL., Karjakin J.F., Klimow E.G., Lewada J.A., Nujkin A.N., Petrakow N.A., Ryshow J.A., Saraskina L.I., Tschernitschenko J.D., Schatalin S.S., Schostakowcki W.N., Jakowlew A.N.«

16. Erlaß und Erklärung

a) Erlaß des Präsidenten der Russischen Föderativen Sozialistischen Sowjetrepublik (dritter Erlaß)

In Anbetracht der herrschenden Situation verordne ich:

Dem Ersten Stellvertretenden Vorsitzenden des Ministerrates der RSFSR, Lobow A.I., dem Mitglied des Staatlichen Rates der RSFSR, Jablokow O.I., und dem Mitglied des Präsidiums des Obersten Sowjets der RSFSR, Krawtschenko, ist die organisatorische Leitung des Volkswirtschaftressorts der Republik zu übertragen. Im Notfall ist die Effektivität der staatlichen Richtlinien sicherzustellen.

Ferner erteile ich die Genehmigung, für die Erfüllung der gestellten Aufgabe im Namen des Präsidenten der RSFSR notfalls Amtspersonen heranzuziehen.

Alle Organisationen, die auf dem Territorium der RSFSR liegen, haben – falls erforderlich – Amtshilfe zu leisten.

Der Präsident der RSFSR

B.N. Jelzin

b) Erklärung von Mitgliedern und Experten der Verfassungskommission der RSFSR

»Die Streitkräfte, Kräfte der Staatssicherheit und Miliz können für den Sturz der demokratischen verfassungsmäßigen Gesellschaftsordnung und der legitimen Regierung sowie zur Behinderung oder Einschränkung der Tätigkeit des Parlaments und anderer Organe der Staatsmacht, zu gesetzwidrigen Begrenzungen der Verfassungsrechte und Freiheiten sowie für alles andere, was den Grundlagen der verfassungsmäßigen Gesellschaftsordnung der Russischen Föderation widerspricht, nicht herangezogen werden.

Ein Verstoß gegen die angegebene Verfassungsbestimmung ist ein schweres Verbrechen am Volke.«

Das ist ein Artikel aus dem Entwurf der neuen Verfassung der Russischen Föderation, die schon lange vorbereitet ist. Aber der Umsturz in der Nacht zum 19. August 1991 ist sogar nach den alten Verfassungen der UdSSR und der RSFSR illegal.

Wir verurteilen entschieden den Putsch, der durch ungesetzliche Ausnutzung der Gewalt begleitet wurde. Bei der Ausrufung des Ausnahmezustandes und der damit verbundenen Maßnahmen wurde die Unionsgesetzgebung wie folgt verletzt:

1. Weder die Verfassung der UdSSR noch das Gesetz der UdSSR über die rechtmäßige Einsetzung des Ausnahmezustandes sehen die Schaffung eines solchen Organes wie das »Staatliche Notstandskomitee« vor. Um so weniger eine Führung dieses Organs, bestehend aus dem Ersten Stellvertretenden Vorsitzenden des Verteidigungsrates der UdSSR, dem Vizepräsidenten der UdSSR und dem Ministerpräsidenten der UdSSR.

2. Laut Gesetz der UdSSR über die rechtmäßige Inkraftsetzung des ersten Artikels wird ein Notstand eingeführt und angekündigt: a) während einer Naturkatastrophe; b) bei Unfällen und technischen Unglücksfällen; c) bei Epidemien und Viehseuchen; d) bei Massenunruhen.

Nichts dergleichen ist am 18. August geschehen.

3. Laut Artikel 2 des angegebenen Gesetzes kann den Notstand im ganzen Land nur der Oberste Sowjet der UdSSR und auf einzelnen Gebieten der Präsident der UdSSR nach der Bitte oder in Übereinstimmung mit dem Vorsitzenden des Obersten Sowjets der UdSSR sowie dem Höchsten Organ der Staatsmacht, beziehungsweise dem Obersten Sowjet oder dem Kongreß der Volksdeputierten der jeweiligen Sowjetrepublik ausrufen. Im Falle der Abwesenheit des Präsidenten soll der Beschluß über die Einfüh-

rung des Notstandes unverzüglich zur Bestätigung dem Obersten Sowjet vorgetragen werden, wobei eine Zweidrittelmehrheit des Obersten Sowjets erforderlich ist.

4. Darüber hinaus sollen laut Artikel 3 des Gesetzes neben Gründen und Frist Grenzen seines Wirkungsbereiches angegeben sein. Wie der angekündigten Mitteilung zu entnehmen ist, wird der Notstand in einzelnen Orten eingeführt, doch sind die Grenzen dieses Gesetzes nicht festgelegt. Die Zuständigkeit des Notstandskomitees erstreckt sich zudem auf das ganze Land. In jedem Fall sind die vom Gesetz bestimmten Verfahrensregeln in Bezug auf die Notstandseinführung nicht eingehalten.

5. Was aber das sogenannte Notstandskomitee anbelangt, kann es als ein spezielles zeitweiliges Organ, das vom Artikel 5 des Gesetzes vorgesehen ist, nicht betrachtet werden, da bei der Ankündigung des Notstandes in einzelnen Gegenden für die Koordinierung der Beseitigung von Folgen der außergewöhnlichen Verhältnisse solcher Organe zwar möglich sind, aber sie werden durch das Ministerkabinett der UdSSR geschaffen. Ihre Kompetenz darf sich nicht auf die jeweilige Gegend erstrecken.

6. In Anbetracht des dargelegten Sachverhalts erklären wir: Der Beschluß des Vizepräsidenten und der »Führung der UdSSR« über die Einführung des Notstandes und die Konstituierung eines Notstandkomitees darf nicht gültig sein und soll vom Obersten Sowjet der UdSSR oder vom Komitee der Verfassungsaufsicht der UdSSR rückgängig gemacht werden.

17. Flugblatt der von der Junta verbotenen Zeitung »KURANTY«

Bei allem kritischen Verhalten Gorbatschow gegenüber, zu mehreren seiner Schritte, zur Art seiner Wahl – nicht vom ganzen Volk, sondern von den Volksdeputierten –, akzeptierten wir ihn trotzdem als Präsidenten der UdSSR. Was bedeutet jetzt »aus gesundheitlichen Gründen«? Hat er sich erkältet? Ist er nicht zurechnungsfähig? Warum bleibt eine offizielle Erklärung aus ...? Es liegt auf der Hand, daß die Bolschewiken va banque spielen. Und das Land wird von einem Staatsstreich erschüttert. Doch das Volk läßt sich nicht auf die Knie zwingen.

»DER FASCHISMUS KOMMT NICHT DURCH«

Auf dem Manegeplatz kamen heute um 11.00 Uhr beträchtliche Menschenmassen zusammen. Es wehten dreifarbige russische Fahnen, man konnte Jelzins und Sacharows Bilder sehen. Die Volksdeputierten forderten von einer improvisierten Tribüne aus die Versammelten zu einem gemeinsamen politischen unbefristeten Streik auf. Tausende von Menschen riefen im Sprechchor: »Der Faschismus kommt nicht durch«, »Jasow vor Gericht«, »Freiheit«, »Verräter«. Die Redner hoben die Notwendigkeit hervor, den Willen des russischen Parlaments und des russischen Präsidenten B. Jelzin zu erfüllen.

Gegen 12.00 Uhr versuchten schwerbewaffnete motorisierte Truppeneinheiten, von allen Seiten zum Manegeplatz durchzudringen. Doch die Menschen schnitten ihnen den Weg in der Tweskaja-Straße, im Neuen Arbat und am Ljubjanka-Platz ab. Zehntausende von Menschen kletterten auf die Panzer und riefen die Militärangehörigen zum Mitwirken auf. Anschließend bauten die Demonstranten aus Bussen und Obussen Barrikaden auf, um das Einmarschieren des Militärs auf den Roten Platz zu verhindern.

Alexander Annin

PRESSEKONFERENZ VON BORIS JELZIN

Der 28. März 1991 war eine Probe. Und nun wird die politische Vorstellung nach einem im voraus verfaßten Drehbuch gespielt. In Moskau sind wieder Panzer da, Truppen und Sonderkommandos der Miliz. Fünfzig Panzer der Tamanskaja-Panzerdivision umstellten am Morgen das Gebäude des »Weißen Hauses«. Unter diesen Umständen hielten der russische Präsident Boris Jelzin und die russische Regierung eine Pressekonferenz für sowjetische und ausländische Journalisten ab. Zuvor meldete der Volksdeputierte der RSFSR-Priester, Gleb Jakunin, daß während der vergangenen Nacht der Volksdeputierte der RSFSR und der Mitvorsitzende der »Schtschit«-Organisation, Oberst Vitalij Urashzew, verhaftet worden sei. Möglicherweise folgen nun Verhaftungen vieler demokratischer Führer. Jedenfalls hatten KGB-Mitarbeiter versucht, Gleb Jakunin festzunehmen, aber er konnte der Verhaftung entgehen. Bella Denisenko sollte auch verhaftet werden. Sie teilte mit, daß am heutigen Tag um 12.00 Uhr die Bergleute ihren Streik bekanntgeben würden.

Präsident Jelzin verlas den von ihm, von Ministerpräsident Silajew und dem Stellvertretenden Vorsitzenden des Obersten Sowjets, Hasbulatow, unterschriebenen Appell. Jelzin sagte, der Appell könne leider nicht veröffentlicht werden, da alle Massenmedien unter der Kontrolle der Putschisten ständen. Der Sender »Echo von Moskau« sei besetzt, und die Sendungen »Radio Rußland« und »TV-Rußland« seien unterbrochen.

Boris Jelzin gab den Erlaß bekannt, in dem er unterstreicht, daß die vergangenen Ereignisse als ein Staatsstreich betrachtet werden sollen. Der Präsident von Rußland und die russische Regierung halten dessen Anstifter nicht für eine verfassungsmäßige Führung des Landes. Das Notstandskomitee könne nicht anerkannt werden. Er rief die Bürger Rußlands zu einem unbefristeten politischen Streik auf. Das sei die einzige Chance, Freiheit und Demokratie zu verteidigen, denn die legitime Macht habe leider keine Panzer und keine Kugel. Er teilte mit, daß er keine Möglichkeit gehabt habe, Verbindung zu Gorbatschow herzustellen; er lasse nichts unversucht, um dies zu erreichen, damit der Präsident der UdSSR die Möglichkeit bekomme, vor den Sowjetbürgern aufzutreten. Über Gorbatschows Befinden sei bisher nichts bekannt. Die Lüge der Putschisten, daß er sich nicht wohlfühle, werde von ausländischen Agenturen durch die Nachricht dementiert, er sei verhaftet.

Die akuteste Frage sei zur Zeit nur die, wie könne die wahre Information das Volk erreichen. Er brachte die Hoffnung zum Ausdruck, daß westliche Medien den wahren Sachverhalt durch irgendwelche Kanäle darstellen können. Aber heute waren im Gegensatz zu den internationalen Vereinbarungen alle westlichen Stimmen gedämpft.

Und zum Schluß: Am Morgen tauchten im Zentrum Moskaus Flugblätter auf, die dazu aufforderten, sich auf dem Manegeplatz einzustellen. Jelzin sagte, daß jemand seinen Namen benutzt habe, um die Menschen auf die Straßen zu lokken. Das sei in diesen Tagen sehr gefährlich, weil die »schwarzen Obersten« immer nach Blut lechzen.

Lidija Malasch

18. Flugblatt der von der Junta verbotenen Zeitung »WETSCHERNJAJA MOSKWA« (Abendzeitung von Moskau)

den 20. August 1991, 20.00 Uhr

ERKLÄRUNG DES BÜRGERMEISTERS VON MOSKAU

Das verfassungswidrige selbsternannte Notstandskomitee verhängte über Moskau einen Ausnahmezustand. Das Stadtkomitee der KPdSU versucht, in der Stadt eine eigene Regierung zu bilden und unter dem Schutz von Panzern die Macht zurückzugewinnen, die es bei den legitimen Wahlen verloren hat.

Der verfassungsfeindliche Umsturz wurde von der Führung der KPdSU, die in sich schon zerstritten ist, angezettelt, um das Land in ein Chaos zu stürzen und dann Bedingungen für eine Diktatur und die Beseitigung aller neuerworbenen demokratischen Freiheiten zu schaffen. Jeder Bürger Moskaus, jeder Betrieb und jede Einrichtung sollen selbst entscheiden, ob sie mit diesem Häufchen Abenteurer, die die Macht an sich reißen wollten, solidarisch sein wollen oder mit den demokratisch gewählten Verwaltungsorganen der Republik, des Landes und der Stadt.

In Übereinstimmung mit den Erlassen des Präsidenten der RSFSR, B.N. Jelzin, über die Verfassungswidrigkeit des Staatlichen Notstandskomitees und über die strafrechtliche Verantwortung seiner Mitglieder und derjenigen, die ihre Anweisungen erfüllen, mache ich die Moskauer darauf aufmerksam, daß der Ausnahmezustand in unserer Stadt nicht eingeführt wird. Alle Organe, die die Stadt regieren wollen, indem sie sich über die von den Moskauern rechtmäßig gewählten Verwaltungsorgane hinwegsetzen, werden für falsch und gesetzwidrig erklärt. Alle Personen, die diese Organe bilden oder dem Angebot, darin zu arbeiten, zustimmten, werden die strafrechtliche Konsequenz zu tragen haben.

Es ist zu erwähnen, daß sich alle Leiter und Mitarbeiter

der Verwaltungsorgane Moskaus einer strafrechtlichen Verantwortung unterziehen müssen, wenn sie Anweisungen von verfassungsfeindlichen Notstandsorganen ausgeführt haben. Ich warne alle Betriebs- und Einrichtungsleiter der SU-Unterordnung, die in Moskau tätig sind, vor strafrechtlicher Verantwortung, wenn sie den Verordnungen dieser berüchtigten Organe Folge leisten.

Alle gesellschaftlichen Organisationen und Zeitungen in Moskau und außerhalb der Stadt, die jedoch in Moskau untergebracht sind, die den Putsch unterstützen, dürfen auf Moskauer Gebiet nicht mehr tätig sein. Deshalb sind seit dem heutigen Tag städtische, stadtbezirkliche und weitere territoriale Organisationen des Kriegs- und Arbeitsveteranenrates, die den Staatsstreich in Moskau unterstützen, verboten. Die zuständigen Behörden sind beauftragt, deren Arbeitsräume zu versiegeln und unter Aufsicht zu nehmen. Den Banken ist untersagt, Gehälter und weitere Finanzmittel auszuhändigen, den Organen der städtischen Energieversorgung ist es verboten, in diese Räume elektrischen Strom und Wasser zu liefern. Telefonische und andere Verbindungen werden unterbrochen.

Ich warne alle im öffentlichen Dienst Moskaus beschäftigten Kommunisten davor, ihre Arbeitszeit für politische Aktivitäten zu benutzen. Dies bedeutet die schwerste Verletzung der Erlasse des Präsidenten der RSFSR und wird die Entlassung aus dem Amt zur Folge haben.

Im Namen des Moskauer Staatsanwalts beantrage ich – der Ausführung des Erlasses des Präsidenten der RSFSR gemäß –, gegen alle Moskauer Organe, Zeitungen und Personen (einschließlich des Moskauer Stadtkomitees der KPdSU) wegen Beteiligung an dem Putsch unverzüglich Strafverfahren einzuleiten.

Nur die Behörden in Moskau sind rechtmäßig, die von der Bevölkerung gewählt wurden.

Es ist nicht schwer, die Stadt in ein Chaos zu stürzen. Wir jedoch wollen – trotz aller Schwierigkeiten – ein normales Leben weiterführen. Auch jetzt unternehmen wir alles, um die Versorgung der Moskauer aufrechtzuerhalten. Wir erlauben nicht, in der Stadt die Versorgung zu stören oder den Verkehr und andere Dienstleistungen zu unterbrechen.

Ich rufe alle Einwohner der Stadt auf, legitime Mittel und gesetzliche Maßnahmen zu verwenden, um dem Putsch zu widerstehen. Die anwesenden Soldaten und Offiziere müssen gründlich aufgeklärt und dazu veranlaßt werden, sich ein Beispiel an den Truppen und Panzerbesatzungen zu nehmen, die den Schutz der russischen und Moskauer Machtorgane übernahmen.

Die Diktatur der KPdSU hat uns Elend und Not gebracht. Und für die Wiederherstellung dieser Diktatur ist der Putsch bereit, noch größeres Unglück über uns zu bringen. Aber nur auf den Gleisen der Demokratie kann unser Land aus der Krise kommen. Etwas anderes gibt es nicht.

Der Oberbürgermeister von Moskau

G.H. Popow

LIEBE MOSKAUER!

Das ist ein ungewöhnliches Informationsblatt der Zeitung »WM«, die der verhängten Nachrichtensperre unterliegt. Die Zeitung lebt weiter, und auch jetzt, da unsere Berichterstatter aus dem »Weißen Haus« auf der Krasnopresnenskaja-Uferstraße mitteilen: Die Soldaten, die das Gebäude umstellten, machen Anstalten, zu stürmen. Jeden Augenblick kann eine fürchterliche Tragödie ausbrechen. Die Volksdeputierten Rußlands sind gekommen, um die Soldaten zu bewegen, den Kampf gegen das Volk nicht aufzunehmen. Und welchen Verlauf auch die Ereignisse nehmen werden, die Anstifter des Umsturzes sind zu verurteilen. Auf Bajonette kann man sich stützen, doch nicht darauf sitzen.

STAATSSTREICH: CHRONIK DER EREIGNISSE

19. August, 6.00 Uhr morgens: Im Radio werden der Erlaß von Janajew »Aufruf an das Sowjetvolk« und die Meldung von der Gründung des Staatlichen Notstandskomitees durchgegeben ... »Aus Gesundheitsgründen des Präsidenten der UdSSR, Gorbatschow, übernimmt der Vizepräsident alle Verwaltungsfunktionen.«

9.30 Uhr: In Moskau beginnt das Manövrieren einiger Kolonnen von Militärlastwagen, Panzern und gepanzerten Fahrzeugen.

11.15 Uhr: Der Präsident von Rußland, B. Jelzin, der Stellvertretende Vorsitzende des Obersten Sowjets, R. Hasbulatow und Regierungschef I. Silajew geben die Erklärung ab, daß in der Nacht zum 19. August 1991 der legitim gewählte Präsident des Landes entmachtet wurde. In einem Appell an die Bürger Rußlands wird das als ein rechtsgerichteter, reaktionärer, verfassungswidriger Staatsstreich definiert. Rußlands Führung ruft zu einem allgemeinen unbefristeten Streik auf.

12.00 Uhr: Gleichzeitig mit der Konzentration der Truppen in der Stadt kommen viele Menschen vor dem Haus der Sowjets von Rußland zusammen.

12.15 Uhr: Die ersten Demonstrationszüge marschieren auf den Manegeplatz. Sie tragen Transparente mit den Aufschriften »Der Faschismus geht nicht durch«, »Freiheit«, »Jasow, Pugo, Krjutschkow – vor Gericht«. Bis dahin werden die Menschen nicht auseinandergejagt. Die Truppen lassen sich nicht sehen.

In Moskau geht die Truppenbewegung weiter. An Brücken im Zentrum der Stadt sind Panzer aufgefahren. Der Verkehr auf der Twerskaja-Straße ist gesperrt.

13.55 Uhr: Das Erscheinen der »WM« und anderer Zeitungen ist unterbrochen.

16.00 Uhr: Der Janajew-Erlaß wird bekanntgegeben, bei dem es um die Ausrufung des Ausnahmezustandes geht.

Boris Jelzin tritt bei einer Kundgebung am »Weißen Haus« auf. Anwesend sind Tausende von Bürgern. Er teilt mit, daß sich Rußlands Führung Tag und Nacht im Haus der Sowjets befinden wird. Der Stellvertretende Bürgermeister Jurij Lushkow ruft die Moskauer auf, die Arbeit niederzulegen und in einen unbefristeten Streik zu treten – bis zur endgültigen Beseitigung der Junta.

20. August. Protestkundgebung gegen die Einführung des Notstands in der UdSSR, Beginn um 11.30 Uhr am »Weißen Haus«.

Es wird bekannt, daß in der Nacht eine Panzereinheit für die Bürger, die das »Weiße Haus« bewachten, Partei nahm, sie sperrte den Zugang zum Gebäude.

Am Morgen erscheinen nur die Zeitungen, die von diesem Notstandskomitee genehmigt wurden. Rußlands Fernsehen kann nicht senden.

Nach nicht bestätigten Angaben hat Gorbatschow am Abend des 19. August mit einem Flugzeug Simferopol verlassen. Das Ziel ist noch nicht bekannt.

Mit einer Verurteilung des Staatsstreiches melden sich die Mitglieder des Sicherheitsrates Eugen Primakow und Wadim Medwedjew sowie der ehemalige Außenminister der UdSSR, Eduard Schewardnadse, zu Wort.

Für den 21. August ist eine außerordentliche Tagung des Obersten Sowjets der RSFSR anberaumt.

Nach einer Meldung des Senders »Echo von Moskau« ruft S. Stankewitsch alle im »Weißen Haus« befindlichen Frauen auf, innerhalb von 15 Minuten das Gebäude zu verlassen, weil ein Sturm durch die Putschisten erwartet wird. Unser Berichterstatter teilt mit, daß allen, die sich am Gebäude versammeln, um 18.30 Uhr Gasmasken verteilt werden.

19. »MOSKOWSKAJA PRAWDA«: Erklärung der sowjetischen Führung

Dienstag, den 20. August 1991

Aufgrund der Tatsache, daß der Präsident der UdSSR, Gorbatschow, aus Gesundheitsgründen sein Amt nicht mehr wahrnehmen kann, übernimmt laut Verfassung der UdSSR alle Vollmachten des Präsidenten der UdSSR der Vizepräsident der UdSSR, Janajew Gennadij Iwanowitsch.

Zur Überwindung der tiefen und allseitigen Krise, der politischen, nationalen und bürgerlichen Konfrontation, zur Beseitigung von Chaos und Anarchie, die das Leben der Sowjetbürger, die Souveränität, territoriale Integrität und die Freiheit unseres Vaterlandes bedrohen, sowie von den Ergebnissen des Volksentscheides über die Erhaltung der Union der Sozialistischen Sowjetrepubliken ausgehend und den Lebensinteressen der Völker unserer Heimat, aller Sowjetbürger zustimmend, geben wir folgende Erklärung ab:

1. In Übereinstimmung mit dem Artikel 127^1 der Verfassung der UdSSR und dem Artikel 2 des Gesetzes der UdSSR über das rechtmäßige Regime des Ausnahmezustandes sowie auf die Forderungen breiter Schichten der Bevölkerung eingehend, Maßnahmen zur Abwendung einer drohenden nationalen Katastrophe zu ergreifen, außerdem um Gesetz und Ordnung wieder herzustellen, rufen wir in einzelnen Regionen der UdSSR für 6 Monate ab 19. August 1991, 4.00 Uhr Moskauer Zeit, den Notstand aus.

2. Wir verfügen, daß auf dem ganzen Territorium der Sowjetunion die Verfassung der UdSSR und die Gesetze der UdSSR bedingungslose Priorität haben.

3. Für die Verwaltungstätigkeit im Lande und effektive Verwirklichung aller Maßnahmen des Ausnahmezustandes wurde ein Staatliches Notstandskomitee der UdSSR in folgender Zusammensetzung gebildet: Baklanow O.D., Stellvertretender Vorsitzender des Staatlichen Verteidigungskomitees; Krjutschkow W.A., Vorsitzender des KGB der UdSSR; Paw-

low W.A., Ministerpräsident der UdSSR; Pugo B.K., Innenminister der UdSSR; Starodubzwe W.A., Vorsitzender des Bauernvereins; Tisjakow, Präsident der Vereinigung für Industrie, Bauwesen und Kommunikation; Jasow D.T., Verteidigungsminister der UdSSR; Janajew G.J., Stellvertretender Präsident der UdSSR.

4. Wir verfügen, daß alle Beschlüsse dieses Komitees für die unverzügliche Ausführung von allen Dienst- und Verwaltungsstellen, Amtspersonen und Bürgern auf dem ganzen Territorium der UdSSR gültig sind.

Janajew, G.
Pawlow, W.
Baklanow, O.

18. August 1991

ERLASS DES VIZEPRÄSIDENTEN DER UdSSR

Aufgrund der Tatsache, daß Michail Gorbatschow aus Gesundheitsgründen sein Amt nicht mehr wahrnehmen kann, tritt gemäß Artikel 127[I] der Verfassung der UdSSR das Amt das Präsidenten der UdSSR ab 19. August 1991 der Vizepräsident der UdSSR, Janajew G.I., an.

BESCHLUSS Nr. I DES STAATLICHEN KOMITEES FÜR DEN AUSNAHMEZUSTAND IN DER UdSSR (in Auszügen)

Zum Schutz der lebenswichtigen Interessen der Völker und Bürger der UdSSR, der Unabhängigkeit und der territorialen Integrität, der Wiederherstellung von Gesetz und Ordnung, der Stabilisierung der Lage, der Überwindung der schweren Krise sowie um Chaos, Anarchie und den verhaßten Bürgerkrieg zu verhindern, beschließt das Staatliche Notstandskomitee:

1. Alle Exekutiv- und Verwaltungsorgane der Union der SSR, die autonomen und Sowjetrepubliken, Regionen, Gebiete, Städte, Stadtbezirke, Siedlungen und Dörfer haben die unverzügliche Einhaltung der Verordnungen des Ausnahmezustandes laut Gesetz der UdSSR über »das rechtmäßige Regime des Notstandes« und gemäß den Beschlüssen des gegründeten Notstandskomitees sicherzustellen. Im Falle von Untauglichkeit, die Verordnungen zu befolgen, sind die Befugnisse der jeweiligen Organe aufzuheben. Deren Funktionen übernehmen dann Personen, die vom Notstandskomitee ernannt werden.

2. Machtstrukturen, Verwaltungsstrukturen und Militärformationen, die der Verfassung der UdSSR nicht entsprechen, sind unverzüglich aufzulösen.

3. Gesetze und Beschlüsse der Exekutiv- und Verwaltungsorgane, die der Verfassung der UdSSR widersprechen, sind von sofort an ungültig.

4. Tätigkeiten der politischen Parteien, gesellschaftlichen Organisationen und Massenbewegungen, die die Normalisierung der Lage stören, sind einzustellen.

5. Im Zusammenhang damit, daß das Staatliche Notstandskomitee zeitweilig Funktionen des Sicherheitsrates übernimmt, wird dessen Tätigkeit unterbrochen.

6. Den Bürgern wird befohlen, unverzüglich nichtregistrierte Waffen, Sprengstoffe, Munition und anderes militärisches Gerät abzugeben ...

9. Zur Bekämpfung der nachlässigen Wirtschaftsführung und Verschwendung des Volksgutes sind Maßnahmen zu ergreifen. Der Kampf gegen die Schattenwirtschaft ist entschlossen zu führen. Die Maßnahmen der strafrechtlichen und administrativen Verantwortung bei Korruption, Diebstahl, Spekulation, Hehlerei und anderen Rechtsbrüchen sind konsequent anzuwenden. Es sind günstige Bedingungen zu schaffen, um einen realen Beitrag zu allen Arten der Unternehmenstätigkeit, die laut Gesetz der UdSSR ausgeführt sind, zu leisten, damit sie den täglichen Bedürfnissen der Bevölkerung dienen.

10. Die Arbeit in den Exekutiv- und Verwaltungsorganen ist mit der Beteiligung an Unternehmenstätigkeit für unvereinbar zu halten.

11. Dem Ministerkabinett ist wöchentlich eine Prüfung aller vorhandenen Ressourcen von Lebensmitteln und industriellen Waren des täglichen Bedarfs vorzulegen, und dem Volk ist Rechenschaft abzulegen, was das Land besitzt. Alles soll einer strengen Kontrolle der Aufbewahrung und Verteilung übergeben werden.

Alle Einschränkungen sind rückgängig zu machen, die die Festsetzung aller Lebens- und Konsumwaren sowie deren Rohstoffe und Produktion auf dem Territorium der UdSSR stören; es ist nötig, diese festgesetzte Ordnung einzuhalten und zu kontrollieren.

Besondere Aufmerksamkeit ist den wichtigsten Maßnahmen zur Versorgung der vorschulischen Kinderkrippen, Kindergärten, Schulen, Mittel- und Hochschulen, Krankenhäuser sowie Rentnern und Behinderten zu widmen.

APPELL AN DAS SOWJETVOLK

Landsleute! Bürger der Sowjetunion!

In dieser für das Schicksal des Vaterlandes und unserer Völker kritischen Stunde appellieren wir an Sie! Unsere Heimat ist von einer tödlichen Gefahr bedroht! Die Politik der Reformen, die von Gorbatschow angefangen und als Sicherung der dynamischen Entwicklung und Demokratisierung des gesellschaftlichen Lebens gedacht wurde, geriet in eine Sackgasse. An die Stelle von Enthusiasmus und Hoffnung traten Skepsis, Apathie und Verzweiflung. Der Staat verlor das Vertrauen des Volkes auf allen Ebenen. Politische Abenteurer verwirrten die Bürger. Spott über alle Institutionen des Staates wurde gefördert. Das Land war praktisch unregierbar. In dieser Situation entstanden extremistische Gruppen, die einen Kurs zur Liquidierung der Sowjetunion einschlugen. Sie haben es darauf abgesehen, um jeden Preis die Macht zu ergreifen. Sie haben die nationale Würde unseres Landes zertreten und das Schicksal von mehr als einer Million Flüchtlingen auf dem Gewissen. Ihretwegen haben Millionen von Sowjetbürgern, die gestern noch in einer einheitlichen internationalen Familie lebten, Ruhe und Frieden verloren.

Welche gesellschaftliche Ordnung bei uns herrschen soll, muß das Volk selbst wählen.

Statt für Sicherheit und Wohlstand jedes Bürgers zu sorgen, benutzen die Menschen heute die Macht nur noch dazu, um ihre eigenen Interessen zu vertreten und durchzusetzen. Ströme von Worten, Berge von Versprechungen und Aufrufen unterstreichen die Armseligkeit der Taten. Die Inflation der Macht ist schrecklich und läßt wachsende Unsicherheit spüren. Nicht Almosen lösen unsere Probleme – unsere Rettung liegt in unseren eigenen Händen. Es ist höchste Zeit, die Autorität durch Arbeit und einen realen Beitrag in Wiederaufbau und Entwicklung zu gewinnen.

Seit vielen Jahren hören wir überall beschwörende Worte über das Wohlergehen der individuellen Persönlichkeit, über die Sorge um deren Rechte und sozialen Schutz. Tatsächlich aber ist der Mensch in seinen realen Rechten erniedrigt. Alle demokratischen Institutionen, die durch Volkswillenäußerung geschaffen wurden, verlieren an Gewicht und Effektivität. Das ist ein zielgerichtetes Ergebnis derjenigen, die das Grundgesetz der UdSSR nicht beachten und sogar mißachten. Sie vollbringen damit einen Staatsstreich und drängen auf Diktatur. Präfekturen und Bürgermeisterämter und andere gesetzwidrige Organe ersetzen die vom Volk gewählten Sowjets. Es sind schon revanchistische Stimmen zu hören, und es wird über die Zergliederung der Sowjetunion gesprochen. Und wenn sich gestern der Sowjetmensch als Vertreter einer Großmacht gefühlt hat, so ist er jetzt ein Ausländer zweiter Klasse.

Die Würde und Ehre des Sowjetmenschen müssen wiederhergestellt werden!

Das Staatliche Notstandskomitee ist sich dessen völlig bewußt, wie schwer die Krise ist, die das Land heimsucht. Es übernimmt die Verantwortung für das Schicksal des Landes und ist bereit, seriöse Maßnahmen zu einer schnellen Beendigung der Krise zu ergreifen. Wir treten für wahre demokratische Prozesse, für eine konsequente Politik der Reformen, für die Erneuerung unserer Heimat, für wirtschaftlichen und sozialen Aufschwung ein. Die Entwicklung des Landes darf nicht auf Kosten des Lebensstandards der Bevölkerung geschehen. Die Wirtschaft sollte vielseitig sein, verschiedene Arten des Eigentums könnten nebeneinander existieren.

20. Meldung des Medizindienstes

Medizinische Hauptverwaltung
103006, Orsushejny pereulok, 43
1-16-287 vom 21.08.91

An den Vizebürgermeister
von Moskau, Lushkow J.

MELDUNG
(am 21.08.91 um 10 Uhr)

Am 20. August 1991 wurde bei den Ansammlungen von Menschen auf dem Manegeplatz, dem Sowjetplatz und in der Krasnopresnenskaja-Uferstraße von Brigaden der Schnellhilfestation medizinische Hilfe geleistet.

1. Leichnam von Usow Wladimir Iwanowitsch, 30 Jahre, mit Schädel- und Hirnverletzung, gefunden auf dem Kalinin-Prospekt bei der Prototschny Gasse. Bestellt wurde von Lebedjew, Brigade Nr. 43, am 21.08.91 (Unterstation Nr. 4).

Der Leichnam wurde um 1.43 Uhr in die Totenkammer Nr. 2 gebracht (Bestl. Nr. 108850)

2. Leichnam von Komar Dmitrij Alekssejewitsch, 23 Jahre, gefunden auf der Tschaikowski-Straße mit Schädel- und Hirntrauma und zusammengedrücktem Brustkorb. Die den Tod verursachende Verletzung trat unter dem Kalinin-Prospekt im Tunnel ein. Der Leichnam wurde in die Totenkammer Nr. 5 abtransportiert. Bestl. Nr. 108514 wurde von der Brigade Nr. 21 der Unterstation Nr. 24 am 21.08.91 von 0.58 bis 2.50 Uhr ausgeführt.

3. Leichnam eines unbekannten Mannes, etwa 25 Jahre, gefunden auf der Tschaikowski-Straße, wurde in Totenkammer Nr. 5 abtransportiert. Offene Schädel- und Gehirnwunde. Ob es sich um eine Schußwunde handelt, wird untersucht. Nach Aussage der Miliz wurde der Mann im Tunnel unter dem Kalinin-Prospekt tödlich verwundet. Bestl. von der Brigade Nr. der 24. Unterstation, 0.58 bis 2.50 Uhr.

Medizinische Hilfe wurde folgenden Personen geleistet:

1. Esterow Gennadij Arsentjewitsch, 57 Jahre. Diagnose: Schußwunde in der Brust. Abtransportiert in die Städtische Klinik Pirogow. Nach ärztlicher Versorgung wurde der Mann entlassen. Bestl. 108449, Brigade Nr. 32 der Unterstation Nr. 4.

2. Chrjunow Artjem Anatoljewitsch, 26 Jahre. Diagnose: Schußwunde im Hals. Am 21.08.91 um 2.10 Uhr ins Klinikum Sklifosowski eingeliefert. Bestl. 109005, Brigade Nr. 9 der zentralen Unterstation.

3. Tschjastikow Wladimir Petrowitsch, 19 Jahre. Diagnose: Schulterblattknochenbruch, eingeliefert in Sklifosowski-Klinik am 21.08.91 um 2.15 Uhr. Bestl. 107461; Brigade Nr. 22 der Unterstation Nr. 2.

4. Tschjurin Sergej Wladimirowitsch, 34 Jahre. Schußwunde im Bein. Lehnte Einlieferung in Klinik ab, blieb am Ort. Um 1.00 Uhr bat er um Hilfe in der Sklofosowski-Klinik. Bestl. 109353, Brigade Nr. 1 der Unterstation Nr. 1. Nach Aussagen der Miliz wurde er im Tunnel unter dem Kalinin-Prospekt verwundet.

5. Wertikalny Gennadij Nikolajewitsch, 32 Jahre. Diagnose: durchschossene Schulter, lehnte Einlieferung ins Krankenhaus ab. Bestl. 108901, Brigade Nr. 8 der Unterstation Nr. 21.

Es wurden 12 falsche Anrufe registriert.

Während der Ereignisse in der Nacht vom 20. zum 21. August wurden von den neuralgischen Punkten in der Stadt keine Notrufe registriert.

Der Stellvertretende Vorgesetzte
der medizinischen Hauptverwaltung Moskau

R.G. Anufrijew

ausgeführt von Boldina W.N.

Kulturminister Gubenko, Schauspieler Kostovsky, Bischof für Velokolamsi und Yureosk-Pitirim, Vera Vasilevna, Evgenij Rubenovich Simonow und Juri Lushkow bei einer Silvesterfeier

Gawriil Popow und Juri Lushkow bei einem Empfang für die frühere englische Premierministerin Margaret Thatcher in Moskau

Juri Lushkow und J. Mettock, ehemaliger Botschafter der USA in der UdSSR

Gawriil Popow und Juri Lushkow

Gavriil Popow, Juri Lushkow und Iwan Silajew auf dem Volleyballplatz

Juri Lushkow bei jenem Teil der Armee, der auf die Seite des »Weißen Hauses« überging

Juri Lushkow auf dem Fußballplatz – fast jeden Samstag

Interview beim Wasser

Gawriil Popow und Juri Lushkow am Tag der Neptun-Feier

Ein stimmungsvoller Klang zur Siegesfeier

Juri Lushkow und Sergej Stankevic mit der russischen Fahne auf dem Roten Platz

Juri Lushkow in den USA im Hubschrauber des Präsidenten